개소리란 무엇인가

개소리란 무엇인가

ⓒ 김병규, 2023

초판 1쇄 발행 2023년 2월 20일

지은이   김병규
펴낸이   이기봉
편집   좋은땅 편집팀
펴낸곳   도서출판 좋은땅
주소   서울특별시 마포구 양화로12길 26 지월드빌딩 (서교동 395-7)
전화   02)374-8616~7
팩스   02)374-8614
이메일   gworldbook@naver.com
홈페이지 www.g-world.co.kr

ISBN   979-11-388-1641-0 (03330)

개소리란 무엇인가

| 풍자와 기만 |

김병규 지음

"개소리에 관한 문제는 종국적으로 기만과 혐오,
그리고 가짜(fake)에 관한 문제다."

좋은땅

헬로 개소리(Hello Gaesori)

1982년에 유행한 〈솔개〉는 여러 방송사의 인기가요에서 1위를 차지했으나, 모종의 압력에 의해 한때 금지곡처럼 되어 버렸다.

> "우리는 말 안 하고 살 수가 없나. 날으는 솔개처럼 (…) 권태 속에 내뱉어진 소음으로 주위는 가득차고. (…) 수많은 질문과 대답 속에 지쳐버린 나의 부리여. (…) 종잡을 수 없는 얘기 속에 나도 우리가 됐소. (…)"
>
> – 〈솔개〉의 가사 중, 윤명환 작사·작곡 –

이 노래에서 불온시된 대목은 "권태 속에 내뱉어진 소음", "종잡을 수 없는 얘기" 등이었고, "나도 우리가 됐소."라는 대목도 의심을 받았다고 한다. 당시 상황에 비추어 보면, "우리는 말 안 하고 살 수가 없나."라는 구절은 권력의 주구들에게 '우리는 개소리 안 하고 살 수가 없나.'로 들렸을지 모른다.

이에 앞서 밥 딜런의 〈Don't think twice it's all right〉를 양병집(본명 양

개소리란 무엇인가

준집)이 '역(逆)'이란 제목으로 번안한 노래도 뭔가 삐딱하다는 이유로 금지곡 처분을 당했다.

> "물 속으로 나는 비행기/하늘로 나는 돛단배/포수에게 잡혀온 잉어만 이 한숨을 내쉰다/태공에게 잡혀온 참새만이 긴 숨을 내쉰다/독사에 게 잡혀온 땅군만이 긴 혀를 내두른다."

독재자와 얼굴이나 목소리가 닮아도 위험하다. 1980년대 초에 새로운 독재자와 인상이 비슷하다는 이유로 연예인들이 방송에서 사라졌다. 탤런트 박용식은 '절대자'와 너무 닮았다는 이유로 10년 가까이 방송에 나오지 못하고 참기름 장사로 생계를 유지했고, 코미디언 이주일(정주일)도 비슷한 이유로 밤무대로 밀려났다.

당시 이주일은 이런 말을 남겼다. "제가 방송출연이 금지된 것은 다 중계방송을 잘못해서 그런 겁니다. 연날리기 대회였습니다. 많은 연들이 날고 있습니다. 휘황찬란한 연들입니다. 한 연, 두 연, 세 연 참으로 많은 연들입니다. 한국연, 중국연, 일본연도 있습니다. 온갖 잡연은 다 모였습니다. 턱 나온 연도 있고, 까진 연놈도 있습니다."[1]

1981년 1월에는 〈고바우 영감〉의 새해 인사에서 대머리가 유독 빛난다는 이유로 게재가 금지된 일도 있었다. 당시에 하늘을 나는 새도 떨어뜨린다는 주구들의 기세로 보아 머리를 빡빡 민 사람들을 구금하지 않은 것만도 다행인지 모른다. 실제로 머리를 밀었거나 문신을 한 사람들을 반항적이라는 이유로 삼청교육대로 끌고 갔다는 이야기가 나돌았다. 권력자는 자신과 닮은 사람을 본능적으로 적대하는가? 히틀러와 채플린은 나란히 1889년 4월에 태어났는데, 그래서인지 콧수염을 단 채플린의 모습은 히틀러를 연상시켰고, 희대의 독재자를 풍자하기에 적격이었다.

캠퍼스의 개소리

어느덧 36년 전의 일이지만, '일제 36년'에 비하면 기억이 생생하다. 1987년 6월 항쟁 전야에 캠퍼스에 울려 퍼진 개소리에 관한 기억은 지금도 또렷하게 남아 있다.

그해 4월 13일 독재자는 9천 9백 자가 넘고 원고지 65장에 달하는 담화를 통해 일체의 개헌논의를 금지시켰다. 한 대학에서는 담화 녹음에 '개 짖는 소리'를 삽입해서 조롱했다. 독재자의 음성은 코 막힌 소리로 근엄하게 시작하는가 싶더니 점점 목청이 사그라들면서 개 짖는 소리로 변했다.

개소리의 사전적 의미는 '아무렇게나 지껄이는 조리 없고 당치 않은 말'이라고 하는데, 독재자의 담화는 논리가 정연했다. 여하튼 학생들은 독재자의 담화를 개소리로 풍자하며 한바탕 웃은 다음에 투석전을 시작했다.

이에 앞서 연초에 단말마적인 개소리가 있었다. 1월 15일 중앙일보를 시작으로 박종철 군 고문치사에 대한 취재가 쇄도하자, 당시 치안본부장은 "책상을 탁! 치니까 억! 하고 죽었다."고 말했다. 이 사건의 수습과정에서 내무장관이 된 특전사령관 출신 인사는 "사람이 사람을 어떻게 때리느냐."고 너스레를 떨었다. 개소리의 본질은 두 결정권자의 말에서 잘 드러난다.

독재의 시대에 은근히 풍자적인 노래를 불렀던 이장희 원로가수의 히트작 중에 〈나 그대에게 모두 드리리〉라는 순애보(殉愛譜)가 있다. 그러나 이 연가는 순(純)과 순(殉)의 차이를 모호하게 한다. 내친 김에 허(虛)하게 개사하면 이렇다.

"나 그대에게 개소리하네/오늘밤 문득 개소리하네/나 그대에게 모두 드리리/터질 것 같은 이 내 개소리/그댈 위해서라면 난 못할 개소리 없네..."

개소리란 무엇인가?

‖ 목차 ‖

I.
풍자로서 개소리

"웃음이야말로 광기에 대한 방패다."
- 찰리 채플린 -

"유머는 인간의 마지막 자존심이다."
- 로맹 가리 -

1.

개소리의 기원

언제부터 '개소리'가 시작되었을까? 개소리의 역사는 개소리에 대한 명명(naming) 이전에 시작됐을 것이다. 다소 불경스러운 발상이지만 개소리의 기원은 성서에서 찾아볼 수 있다.

카인의 동문서답

인류 최초의 살인사건은 성서에서 매우 이른 시점, 즉 아담과 하와의 자식에서 발생했다. 이 사건은 선대의 '선악과 사건'과 함께 인간의 원죄를 상징한다. 창세기 초반부(4장 1~10절)에 아담과 하와의 첫 아들인 카인이 동생(아벨)을 죽였다는 이야기가 나온다.

하나님이 카인에게 "아벨은 어디 있냐?"고 묻자, 카인은 자신의 소행이라고 자백하는 대신에 퉁명스럽게 대꾸했다. "모릅니다. 제가 동생을 지키는 자입니까?"

　카인의 말에는 하나님의 편애를 비꼬는 은근한 항변과 야유가 담겨 있다. 그가 무의식적인 허위기억으로 말을 지어내는 작화증(confabulation)에 걸렸다고 볼 만한 사정은 없었다. 카인은 아담과 하와가 선악과 사건에서 초조하게 변명했던 것과 달리 신에게 풍자적 화법을 구사한 최초의 인간이었고, 그만큼 엄중한 대가를 치러야 했다.

　카인의 이야기는 풍자와 기만이 동전의 양면처럼, 생과 사처럼 딱 붙어 서로 떼어낼 수 없다는 것을 보여 준다. 여하튼 카인의 동문서답은 개소리에 관한 시원적 사건이라고 할 만하다.

　카인은 또 한 가지 문제를 남겨 두었다. 만약 신의 음성을 자신의 내면에서 우러나온 가책의 소리라고 가정한다면, 그의 퉁명한 대꾸는 자신조차 속이려는 것이었다. 이는 개소리의 심천(心泉)이 자기기만(self-deception)이라는 것을 보여 준다.

　진화생물학자들은 자기기만을 인간의 진화와 동행한 정신작용으로 이해한다. '최초의 순교자'라고 할 아벨과 달리 지상에서 오래도록 살아남아야 했던 카인의 후예들은 자기기만이 불가피했던 것일까?

장자의 嗔嗔

　카인의 동문서답이 개소리의 발화(utterance)에 관한 기원이라면, 장자의 '嗔嗔(tūn tūn)'은 명명에 관한 기원으로 간주할 수 있다. 嗔은 다양한 뜻과 음이 있는데, 장자의 거협편에 나오는 '嗔嗔[2]은 정치적 맥락에서 개소리로 의역할 만하다. 거협편에서는 사람들이 지혜가 늘어날수록 소도적에서 대도적으로 진화하고, 나라를 빼앗는 도적떼가 득세한다는 풍자가 이어진다.

> "되나 말을 만들어 양을 세도록 하면 양을 속여 절취하고, 저울을 만들어 재도록 하면 저울을 속여 훔친다. 부신이나 옥새로 믿도록 하면 그것을 훔치고, 인의로써 바로 잡고자 인의로써 도둑질한다. 어떻게 그 사악함을 알 것인가. 허리띠를 훔친 자는 주살되지만, 나라를 훔친 자는 제후가 된다."(爲之斗斛以量之 則竝與斗斛而竊之, 爲之權衡以稱之 則竝與權衡而竊之, 爲之符璽以信之 則竝與符璽而竊之, 爲之仁義以矯之 則竝與仁義而竊之, 何以知其然邪, 彼竊鉤者誅 竊國者爲諸侯)

　그다음에 나오는 "而悅夫嗔嗔之意, 嗔嗔已亂天下矣"는 '개소리에 환장하니 개소리야말로 천하를 어지럽힌다.'로 의역할 수 있다. '嗔嗔已'의 已를 '지나친'이란 의미로 보면, '큰 도둑놈들'을 성토하는 문맥에 비추어 '嗔嗔已'는 개소리가 지나치다는 뜻으로 풀이할 수 있다.[3]

　그레이엄(Angus Graham)의 《장자》 국역본에는 이 대목이 "시끄럽고

요란한 관념들만 좋아한다. 저토록 시끄러운 소음이 세상을 혼란 속에 던져놓았도다!"로 번역돼 있다. 그레이엄에 따르면, 장자의 외편은 중국 최초의 통일군주인 황제(黃帝)에 의해서 원초적인 유토피아 공동체가 붕괴되었다고 생각하는 장자의 후예들에 의해 기록되었다.[4] 그들은 도덕군자와 도적떼가 똑같이 해롭고, 따라서 성인이 없어져야 도둑도 없어진다고 생각했다. "나무를 잘라 그릇을 만든 것이 목공의 잘못이라면 도와 덕을 훼손하여 인의를 행하려 함은 성인의 허물이다(夫殘樸以爲器 工匠之罪也, 毁道德以爲仁義 聖人之過也)."는 대목에서 유교사상에 대한 근본적 회의가 드러난다.

이런 점들을 고려하면 啍啍은 '개소리'에 관한 명명의 선구적 기록으로 간주할 수 있다.

'개'에 담긴 뉘앙스

일상에서 개소리라는 말은 거짓말·헛소리·궤변·억측·가짜뉴스 등과 뚜렷한 구분 없이 혼용되기도 한다. 개소리와 엇비슷한 헛소리라는 말은 '실속이 없고 미덥지 아니한 말, 잠결이나 술김에 하는 말, 앓는 사람이 정신을 잃고 중얼거리는 말'이다. 헛소리와 동의어로 여겨지는 '허튼소리'는 '함부로 지껄이는 말'이지만, 일상에서 개소리와 헛소리 및 허튼소리를 명확하게 구분하여 사용하는 사람은 많지 않다.

요즘은 잘 쓰이지 않지만 '흰소리'는 '터무니없이 떠벌리거나 허풍을 떠는 말, 거만스럽게 잘난 체하며 버릇없게 하는 말'이다. 허황되게 읊조린다는 뜻에서 헛소리와 비슷하지만, 터무니없이 떠벌린다는 뜻은 '상대를 얕잡아 보고 허세를 부려 가르치려 들고 잘난 척한다'는 뉘앙스가 있는 嘑嘑과 상통한다.

어떤 단어의 머리에 '개'를 붙이면 묘한 어감들이 생성된다. 나발(喇叭)이란 전통 관악기의 명칭 앞에 '개'를 붙인 '개나발'은 사리에 맞지 아니하는 헛소리나 쓸데없는 소리를 낮잡아 이르는 말이다. '개드립'의 뉘앙스와 비슷하다. 개꿈은 개에 관한 꿈이 아니라 특별한 의미도 없이 어수선하게 꾸는 꿈(silly dream)을 말한다. 또한 개판, 개싸움, 개차반, 개고생, 개피곤, 개망신, 개진상, 개저씨, 개무시, 개죽음 등도 대개는 개와 무관하다. 개들에게 가장 억울하고 불명예스러운 단어는 아마도 '개죽음'일 것이다. 헤밍웨이는 "우리는 아무런 이유도 없이 개처럼 죽을 것이다."고 일갈한 적이 있다. 카프카의 《심판》에서는 주인공이 이유도 모르고 처형되면서 "개같이…"라는 외마디를 남긴다.

옛말들을 살펴보면 개를 의미하는 한자 중에서 견(犬)이나 술(戌)에 비해서 구(狗)는 주구(走狗)와 같이 부정적으로 쓰였다. 구(狗)는 개사슴록변(犭)과 글귀 구(句)가 합쳐진 것인데, 개[犭]가 시끄럽게 짖는 소리[句]를 연상케 한다. 그래서인지 고대 중국에서는 유성이나 벼락을 천구(天狗)라고 했고, 일본에서도 자연의 굉음이나 기이한 형상을 텐구(天狗)라고 불렀다. 또한 구(狗)는 주로 혐오스러운 대상이나 일을 지칭하는 양두구육(羊頭狗肉), 토사구팽(兎死狗烹), 상가지구(喪家之狗)와 같이 부정적인 사자성어에 등장한다.

반면에 견(犬)은 충견(忠犬), 견마지로(犬馬之勞)처럼 긍정적 맥락에서 쓰이거나, 견마능양(犬馬能養)이나 견원지간(犬猿之間)과 같이 교훈적 맥락의 사자성어에 쓰였다. 또한 고대 이집트의 '사자의 서'에 등장하는 저승사자 아누비스(Anubis)는 검은 개 혹은 자칼의 머리 모양을 하고 있고, 몽골신화에서는 늑대가 신성한 존재로 등장한다. 또한 역사적으로 만주족을 비롯해서 개를 소중한 존재로 여긴 족속들이 많았다. 중국 작가 펑젠밍(1953)의 《그 산 그 사람 그 개》에서는 후난성의 산골에 편지를 배달하던 나이 든 우체부와 동행하는 개가 등장하는데, 그의 아들이 우편배달을 이어받자 개는 동행하지 않으려고 했다. 이처럼 주인에 대한 개의 충직성은 가짜와 불신의 바다에서 표류하는 사람들에게 감흥을 안겨 주곤 하지만, 그럼에도 개는 걸핏하면 야단을 맞는 존재이기도 하다.

유치진의 희곡 〈춘향전〉에는 야밤에 춘향의 집을 월담한 이몽룡과 방자를 향해 짖는 개가 등장한다. 이 개는 달을 보고 공연히 짖어대는 망월폐견(望月吠犬)이 아니라 달도 뜨지 않은 밤에 불청객을 감지하고 짖어대는 모범적인 경비견이었다.

"이몽룡 : 저런 망할 놈의 개 같으니라고! 왜 저렇게 짖을고? (방자더러) 이놈아 등롱을 바싹 옆에 껴라. 이렇게 뛰어 들어오고 보니 무엇이 잘못된 것 같구나.

월매 : 네 요 개! 속담에 이르기를 달 보고 짖는 개라 하였거늘, 이놈의
개는 달도 없는 이 요적한 밤에 왜 저렇게 짖을꼬?"[5]

달도 뜨지 않는 으슥한 밤에 누군가 월담을 했을 때 짖지 않는 개야말
로 망할 놈의 개일 텐데, 이몽룡과 월매는 멀쩡한 개를 탓한다.

개에 대한 부정적 어감은 어디서 기인한 것인가? 그 이유는 개 자체의
본성이나 행태보다 인간과의 관계에서 살펴볼 필요가 있다. 오래전에
늑대와 공동의 조상에서 분화된 개들은 인간계로 귀화하면서 인간의 진
화방식에 종속됨에 따라 중대한 변화를 겪게 되었다.

첫째, 생산양식의 발전과정에서 개가 차지하는 지위와 역할이 다른 가
축들과 크게 달라졌다. 인간의 정착생활이 발전할수록 늘어난 가축과
가금은 인간에게 일용할 양식과 피복재를 공급했지만, 개는 인간과 비
슷하게 먹고살았다. 문제는 배설장소를 인간과 함께 쓸 수 없었기에 위
생관념이 인간처럼 발달하기 어려웠다.

둘째, 개는 원래 야수에 속했다는 점이다. 요즘도 맹견의 공격으로 인
명피해가 발생하고 있다. 늑대의 DNA와 많이 닮은 견종이 달밤에 하울
링(howling)을 하면 늑대를 연상케 한다. 이럴 때 신경이 곤두선 사람들
은 '개'라는 글자가 들어간 욕을 하기 쉽다.

셋째, 개는 다른 동물들과 달리 일거수일투족이 인간에게 노출되었다.

이처럼 개에 대한 부정적 이미지는 일용할 양식을 축내고 생산활동에 대한 기여도가 낮은 데다가, 마구 돌아다니고 짖거나 무는 것 외에도 인간이 혐오할 만한 먹이활동이나 배설행위에서 비롯되었다고 볼 수 있다.

'개'에 투영된 인간

일상에서 사람들은 못마땅한 무언가를 '개'라는 말에 투사하거나 전가하는 경향이 있지만, 풍자적인 작품에 등장하는 개는 '나'와 대화하는 '또 다른 나'다. 세르반테스(1547)가 개의 눈과 귀를 빌려 광기에 찬 사회를 풍자했을 때, 그 개들은 그의 페르소나였다. 《개들이 본 세상》(1613)은 베르간사와 시피온이라는 두 마리 개가 대담하는 형식으로 사회상을 풍자한 것으로, 스위프트가 《걸리버 여행기》(1726)를 통해 영국의 사회상을 풍자했던 것보다 100년 이상 빠르다.

《개들이 본 세상》에 나오는 사기꾼은 당나귀의 갈기와 꼬리에 가짜 털을 붙여 판 다음에 몰래 훔쳐 가짜 털을 떼어내고 다시 판다. 이런 얄팍한 속임수는 요즘에도 발견할 수 있다. 예컨대 중고차를 판 다음에 그 차량을 훔쳐 다른 사람에게 팔다가 적발된 사건이 그렇다. 개들의 눈에 포착된 인간의 황당한 기만성은 예나 지금이나 근본적으로 달라진 것이 없다.

목장 이야기도 마찬가지다. 개들이 밤마다 열심히 지켰지만 양들은 계속 사라졌고, 그럴 때마다 목동들이 개들을 때렸다. 목양견으로 인정을 받았던 베르간사였지만 교활한 늑대들을 당할 수 없었고, 결국은 외곽 경비를 포기하고 양 떼 속에 숨어 늑대와 마주치겠다는 위험한 선택을 하기에 이르렀다. 그런데 출몰한 것은 늑대가 아니라 목동들이었다. 그들은 먹음직스러운 양을 골라 맛있는 부위만 먹고, 나머지는 늑대가 공격한 것처럼 꾸미기 위해 난자했다.

베르간사의 목격에도 불구하고 사정을 알 리 없는 주인은 늑대 탓을 하면서 목동들을 꾸짖었고, 목동들은 다시 개들을 괴롭혔다. 베르간사는 신에게 간구했다.

"신이시여, 누가 이런 나쁜 짓을 막을 수 있을까요? 보호하는 자가 공격을 하고, 파수꾼이 잠을 자고, 믿는 자가 도둑질하며, 지키는 자가 죽이는 자라는 사실을 과연 누가 밝힐 수 있단 말인가요?"[6]

세르반테스는 베르간사를 통해 인간의 잔인성과 부패사슬을 풍자한다. 도살자들이 소를 죽이듯 쉽게 사람을 죽이고, 소의 목을 쳐 죽이듯이 사람의 배에 칼자루를 꽂고, 거의 매일 싸움판이 벌어져 사람들이 다치고, 살인 없이 지나가는 날이 가뭄에 콩 날 정도였다는 것이다. 도살자들은 소의 살코기로 돈을 벌면서도 산프란시스코 광장에 수호천사를 모시지 않는 자가 없었다. 산프란시스코 광장은 세비야 시청과 법원을 가리키고, 수호천사라 함은 상납을 받으면서 뒤를 봐주는 공직자들을 풍자한 것이다.

17세기 세르반테스의 개들은 4백여 년이 지나 마요르가(Juan Mayorga)의 〈영원한 평화〉(2008)에서 환생했다. 이 희곡의 제목이 칸트의 영구평화론을 연상케 하는 것처럼 임마누엘이라는 이름의 개가 등장한다.

로맹 가리의 《흰 개(Chien blanc)》에는 "개 안에서 인간을 본 사람은 인간 안에서 개를 본다."는 말이 나온다. 과거에 미국 남부의 백인들은 흑인 노예를 추격하는 개들을 '흰 개'라고 불렀다고 한다. 남북전쟁 이후에도 남부의 경찰들은 그런 개들을 사육했다. 《흰 개》에 나오는 회색빛 셰퍼드 바트카도 피부색이 검은 사람만 보

로맹 가리

면 사납게 짖고 달려들었다. 누군가에 의해 흑인을 공격하도록 조련된 것이다. 주인공은 개의 삐뚤어진 습성을 교정할 수 있는 조련사를 물색하다가, 한사코 거부하는 흑인 조련사를 설득해서 개를 맡겼다. 그는 떠나면서 조련사에게 이렇게 당부했다. "흑인을 물지 않도록 하라는 것이 아니라 백인도 물게 하세요."

흑인 조련사는 바트카로 하여금 흑백을 불문하고 공평하게 물어뜯도록 조련했을까, 아니면 백인만 보면 달려드는 '검은 개'로 개조했을까? 그것도 아니면 아무도 물지 못하게 두들겨 팼을까? 어떤 경우라도 '흰 개'에 투영된 '다름에 대한 혐오'는 이런 식으로 교정될 수 없다. 그것은

인간의 병이기 때문이다.

《피노키오의 모험》에서는 멜람이라는 늙은 개가 족제비들의 닭 도둑
질을 방관하는 대가로 닭 여덟 마리를 잡아갈 때마다 한 마리씩 챙겼다
는 이야기가 나온다. 멜람은 책임을 저버린 부패한 공직자들을 연상케
한다. 루쉰은 물에 빠진 개를 구해 주면 사람을 물지 않을 것이라고 생각
하는 것은 대단한 착각이며, 사람을 무는 개는 뭍에 있건 물에 있건 간에
때려야 한다고 주장했다.

삽살개

　　루쉰은 삽살개에 대해 공정하며 조화롭고 평정한 낯을 쳐들고 자기만
'중용의 도'를 터득한 것 같은 낯짝을 하고 있다고 묘사했다. 그래서 삽
살개는 부호, 환관, 귀부인에게 총애를 받으며 그 씨가 면면히 이어져 왔
다는 것이다. 루쉰은 그런 놈을 먼저 물속에 처넣고 때려야 하며, 그놈이

스스로 물에 빠지면 쫓아가서 때려도 무방하다고 역설했다.[7] 린위탕도 베이징 발포사건 이후 베이징의 발바리, 누렁이, 사냥개를 막론하고 모든 개들과 권력자들이 기르는 가축을 섬멸해야 한다고 가세했다.

성서에는 개에 관한 부정적 이야기들이 많이 나온다. 출애굽기에는 "너희는 내게 거룩한 사람이 될지니, 들에서 짐승에게 찢긴 고기를 먹지 말고 개에게 던지라."(22장 31절) 하고, 아합의 왕비를 지목해서 "개들이 이자벨의 살을 먹을지라."(열왕기하 9장 36절)고 저주한다. 출애굽을 앞두고 모세는 "그날 밤에는 애굽의 개마저도 하나님의 말씀에 순종하여 이스라엘을 향해 짖지 않을 것이다."고 했다.

신명기에는 "개 같은 자의 소득은 어떤 서원하는 일로든지 야훼 앞에 가져오지 말라."(23장 18절)는 대목이 나온다. 잠언에는 "개가 토한 것을 도로 먹는 것 같이 미련한 자는 그 미련한 것을 거듭 행한다."(26장 11절)는 경구가 나오는데, 베드로가 신앙을 저버린 신도들을 질책하면서 이 대목을 인용했다고 한다. 신약에는 예수가 직접 개를 언급하는 대목들이 있다. 마태복음의 산상수훈(5~7장)에는 거룩한 것을 개에게 주지 말라는 말과 함께 거짓 선지자들을 삼가라는 경고가 나온다. "양의 옷을 입고 너희에게 나아오나 속에는 노략질하는 이리다."

신정일치 시대의 종교적 풍자는 정치풍자와 다를 바가 없다. 예컨대 "개들이 나를 에워쌌으며 악한 무리가 나를 둘러 내 수족을 찔렀나이다."(시편 22장 16절)에서의 '개들'과 "저를 칼에서 구하시고 개의 세력에서 구하소서."(시편 22장 20절)에서의 '개의 세력'은 권력정치의 맥락에서 풀이할 수 있다. 영화 'The power of the dog(개의 세력)'의 제목은 여기서 차용한 것이라고 하는데, '개의 세력'은 카우보이들의 뒤틀린 남성성(macho)을 가리킨다. 우리는 약자를 못살게 굴거나 악착같이 따라다니며 괴롭히는 무리들을 흔히 '개 같은 놈들'이라고 했는데, 이를 격식을 갖추어 주구(走狗)라고 한다. 요즘도 악당들이 한꺼번에 몰려오면 개떼에 비유하곤 한다.

표준국어대사전에서는 '개'의 두 번째 의미로 '행실이 형편없는 사람을 비속하게 이르는 말' 혹은 '다른 사람의 앞잡이 노릇을 하는 사람을 낮잡아 이르는 말'이라고 한다. 따라서 개소리는 행실이 형편없는 사람의 말, 다른 사람의 앞잡이 노릇을 하는 사람의 말이라고 할 수 있다. 우리가 "개소리 집어치워!"라고 말한다면, 그것은 개소리(메시지)를 요격함과 동시에 '행실이 형편없는 사람'(메신저)의 마빡에 작렬하는 것이다. 개소리 자체는 모호하지만, 개소리라고 함은 뭔가 웅혼한 기백을 뿜어내지 않는가?

개소리란 무엇인가

2.

어른을 위한 동화

유럽에서 풍자적 시와 이야기들은 호메로스(기원전 800), 아이소포스 (이솝, 기원전 620), 아리스토파네스(기원전 446), 소포클레스(기원전 497), 메니푸스 등으로 거슬러 올라간다. 이러한 풍자의 전통은 배로, 루킬리우스, 호라티우스, 페르시우스, 유베날리스, 시루스 등을 거쳐 루키아노스(120)로 이어졌다.

풍자의 거장들 : 루키아노스 · 세르반테스 · 스위프트

장구한 세월을 거치면서 중세의 암흑기에 풍자의 전통이 단절되다시 피 했지만, 에라스무스(1466)와 토마스 모어(1478)가 루키아노스를 재 발견했고, 당시에 태동한 풍자의 기풍은 르네상스와 산업혁명을 거치면 서 만개하였다. 볼테르(1694, 본명 프랑수아 아루에)는 루키아노스를 자 신의 지적 혁명을 이끈 스승 중 하나로 지목했고, 필딩(1707)은 역사상 풍자의 3대 거장을 루키아노스·세르반테스·스위프트라고 주장했다.

루키아노스   세르반테스   스위프트

　세 거장은 '풍자로서 개소리'의 명장(名匠)들이다. 루키아노스의 '진실
한 이야기'는 달나라 여행에 관한 별로 진실하지 않은 이야기를 담았다.
그는 미신, 초자연적 현상에 대한 그릇된 믿음을 조소했다. 루키아노스
가 마법사들을 조롱한 것은 장차 연금술사와 점성술사에 대한 풍자를 예
고한 셈이다. 특히 호메로스와 투키디데스의 작품들을 패러디한 《진실한
이야기》는 르네상스 시대의 풍자와 공상과학에 시원적인 영향을 끼쳤다.

풍차와 풍자

개소리란 무엇인가

세르반테스의《돈키호테》는 엉뚱한 기사도로 당대를 풍자했다. 스위
프트의《걸리버 여행기》는 가공의 세계를 마치 실제 여행담처럼 묘사해
당시의 독자들로 하여금 진짜인 것처럼 착각하게 만들었다. 세 작가는
존재하지 않는 허구와 가짜로 실재하는 현실을 풍자하는 힘을 보여 주
었다. 예나 지금이나 풍자와 개소리의 경계는 모호하다. 2008년 미국 대
선 과정에서 아무런 설명도 붙이지 않은 채 등장한《뉴요커》의 표지화
는 민주당 지지자들의 비난을 초래했지만, 책 안의 목차에 그나마 표지
화의 명칭을 '공포의 정치'(The Politics of Fear)로 명시해서 정치적 오해
가 격화되지 않았다.

뉴요커(2008)　　　　　이코노미스트(2022)

당시《뉴요커》의 편집장은 "풍자에 대해 설명해야 한다면 더 이상 풍
자가 아니다."고 밝혔다. 풍자는 이해하는 사람에게만 웃을 권리를 준
다. 그렇긴 하지만 2022년 10월 이코노미스트지가 리즈 트러스 영국 수

상을 풍자한 표지화를 내걸었다가 도리어 조롱을 당했다.

G7에 속하는 이탈리아는 EU 회원국 중에서 독일 다음으로 제조업강국이고, 항공우주·자동차·제약·의류 등이 발달했다. 정치풍자는 사실에 기초해서 반전의 묘미를 살려야 한다. 로마 병정의 복장은 '무솔리니의 후예'라는 조르자 멜로니 이탈리아 총리에게 더 어울릴 법했다.

루키아노스는 어려운 말을 쓰며 젠체하는 사람들, 특히 긴 수염으로 철학자임을 표식하는 사람들을 어리석고 위선적인 사기꾼으로 간주하고 조롱했다. '이집트 왕과 원숭이의 이야기'에서 루키아노스의 화살은 당대에 만연했던 '철학자 호소인들'을 겨냥했다. 가면을 쓴 원숭이들이 춤을 추다가 누군가 견과를 던지자 난장판이 된다는 이야기의 끝에 당대의 철학자들이야말로 원숭이 같은 사람들이라고 덧붙였다.

루키아노스는 "귀보다 눈이 더 좋은 증인이다."는 말을 자주 했다고 한다. 그는 인간의 일생이 너무 짧기 때문에 어떤 것이 진실에 가까운 것인지 단정하기 어렵고, 따라서 상식을 삶의 좌표로 삼아야 한다고 생각했던 것이다.

루키아노스는 케플러의 《꿈(Somnium)》, 스위프트의 《걸리버 여행기》, 괴테의 〈마법사의 제자(Der Zauberlehrling)〉, 뒤카스의 〈견습생 마법사(L'Apprenti sorcier)〉까지 영향을 미쳤다.

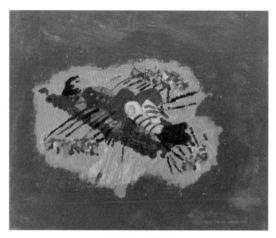

《걸리버 여행기》

웃으며 태어난 여자아이

아이소포스의 우화와 루키아노스의
풍자가 천년의 세월을 넘어 에라스무스
와 모어의 연대에 복원되기 시작했고,
이후 영국을 중심으로 풍자적 전통이 새
롭게 형성됐다. 유럽에서 풍자의 복원
은 에라스무스(본명 헤리트 헤리촌)에게
서 시작됐다고 해도 지나치지 않다. 그

에라스무스

의 《우신예찬(Moriae Encomium)》(1511)은 치우(癡愚) 여신 모리아의
입을 통해 중세 성직자·철학자들과 교황체제를 야유하고 풍자했다. '부
의 신' 플루투스와 '젊음의 요정' 사이에서 태어난 여자아이는 웃으면서

세상에 왔다고 한다. 마녀사냥에 익숙했던 사제들에게는 불길한 징조가
아니었을까?

여신은 필라우티아(자기애), 코라키아(아첨), 레테(망각), 미소포니아
(태만), 헤도네(안락), 아노이아(치매), 트리페(혈기), 그리고 무절제의
신 코모스, 숙면의 신 니그레토스 하이프노스와 친하게 지내면서 풍자
의 여신이 되었다.

에라스무스는 만연한 미신을 조롱했다

여신은 《백설공주》의 여왕처럼 끊임없이 자신을 예찬하고, 사신이 없
는 세상이란 따분하고 혐오스러울 것이라고 강변한다. 거울에 비친 자
신을 속이는 여왕처럼 모리아는 자기기만과 광기를 예찬한다. 면죄부를
사기 위해 다른 죄를 짓고, 면죄부를 사고 나서 다시 죄를 짓는 풍조가
만연한 시대에 에라스무스는 풍자의 가면을 쓰고 미신과 교회의 부패를

조롱했다.

교회 권력은 에라스무스의 느닷없는 개소리에 냉전 이데올로그들처럼 엄숙한 원리를 내세워 그를 조롱하고 위협했다. 100년 후에 영국에서는 마스턴의 풍자시들이 화형식을 당했고, 그는 연극으로 국왕의 미움을 사 감옥살이를 하고 나와 성직자로 돌변해 조용히 살다가 세상을 떴다.

모어의 《유토피아》는 제목 자체에 반어적 풍자가 담겼다. 루키아노스가 몽환적인 이야기에 '진실한 이야기'라는 제목을 붙였듯이 모어는 그리스어로 '어디에도 없는 곳'이란 뜻인 '유토피아'를 이상향으로 풍자한 것이다. 《유토피아》의 이야기꾼을 그리스어로 허튼소리를 퍼뜨

토마스 모어

리는 사람이란 뜻을 가진 '히슬로다에우스(Hythlodaeus)'라고 한 것은 풍자에 보호색을 입히려는 의도와 함께 숨은 뜻을 알아채지 못하는 사람들에겐 개소리로 들릴 것이라는 암시가 담겨 있다.

유럽의 풍자는 세르반테스를 기점으로 전성기로 나아갔다. 영국에서는 모어를 비롯해서 마스턴(1576), 디포(1660), 스위프트(1667), 아버스노트(1667), 스턴(1713), 디킨스(1812), 캐롤(1832, 본명 찰스 도지슨), 와일드(1854), 버나드 쇼(1856), 도일(1859), 배리(1860), 러셀(1872), 조이스(1882), 로렌스(1885), 애거서 크리스티(1890), 채플린(1863), 헉

슬리(1894), 오웰(1903, 본명 에릭 블레어), 골딩(1911) 등이 쏟아져 나왔다.

《로빈슨 크루소》보다 덜 유명한 디포는 정치풍자시를 썼던 문필가였다. 그의 풍자시 〈순혈 영국인(The True-Born Englishman)〉(1701)은 대영제국의 영국인들이 다양한 민족이 합쳐진 혼혈이라고 까발리는 역설을 담았다. 이처럼 누군가에겐 개소리로 들렸음 직한 이야기

대니얼 디포

로 대중에게 통렬한 감흥을 제공하는 것이 풍자의 본령이다.

아버스노트는 〈정치적 거짓말에 대한 에세이〉에서 사람들이 거짓말을 하는 이유를 세 가지로 구분했다.[8] 첫째, 상거래에서 더 많은 이득을 얻기 위해서 거짓말한다. 둘째, 자신의 정치적 신조(정당)에 기여하는 것이 정당하고 영예롭기 때문에 거짓말한다. 셋째, 상대에게 설욕

존 아버스노트

하는 것이 스스로에게 유쾌한 일이기 때문에 거짓말한다.

그는 거짓말에 대한 효과적인 반박은 또 다른 거짓말이라고 했다. 이를테면 어떤 유명인이 병에 걸려 죽어 간다는 헛소문이 퍼졌을 때 그렇

개소리란 무엇인가

지 않다는 사실을 열거해 봤자 수긍하는 사람들이 별로 없겠지만, 그 사람이 몹쓸 병에서 점차 회복돼 지금은 건강하다고 말하면 좀 더 그럴듯하게 받아들인다는 것이다. 대중은 사실 자체보다 그럴싸한 말에 귀를 기울이는 경향이 있다. 거짓말을 믿으려는 사람이나 거짓말이 필요한 사람에게는 보다 진지하고 충분하게 거짓말을 들려주는 것이 나을지 모른다.

마찬가지로 누군가 자신을 머저리라고 조롱했을 때, 그냥 무시하거나 "놀고 있네."라고 야유할 수도 있다. 아니면 "저는 머저리가 아닙니다. 막말을 삼가세요."라고 정중하게 반격할 수도 있다. 하지만 그런 방식으로는 자신이 머저리가 된 느낌을 말끔하게 지울 수 없다. 이럴 땐 메시지가 아니라 메신저를 타격해야 속이 후련해진다. "내가 머저리라고? 그런 당신은 머저리 왕초야."

지방의 목회자였던 스턴의 《젠틀맨 트리스트럼 쉔디의 생애와 견해》는 요크 지역의 교회분쟁과 관련해서 상대편을 조롱하려는 의도가 숨겨 있지만, 거침없는 언설로 인해 기서(奇書)로 취급을 받았다. 이 작품도 《유토피아》처럼 작가의 죽음 이후에 더 유명해졌고, 후대의 풍자가들에게 영감을 불어넣었다.

로렌스 스턴

산업혁명이 본격화되었던 19세기 이후 풍자
의 영역이 사회 전반으로 광범하게 확장되었
다. 디킨스는 《Hard Times》(1854)에서 그랫그
린드(Gradgrind)라는 인물을 통해서 암기와 팩
트(fact)에 골몰하는 교육풍토를 풍자했고, 콜
로디의 《피노키오》는 전인교육과 평생교육을
강조하려는 의도가 담겼다.

찰스 디킨스

꾐에 빠진 피노키오가 기피했던 학교는 조국의 장래를 염려했던 콜로
디가 열망했던 진정한 의미의 교육을 상징한다. 캐롤의 《이상한 나라의
앨리스》에도 빅토리아 시대의 판에 박힌 교육에 대한 풍자가 담겨 있다.

캐롤은 암기에 길들여진 아이들에게 전혀 다른 세계에 대한 상상력을
자극하려고 했다. 앨리스가 이상한 구구단을 중얼거리는 대목이 대표적
이다.

"4 곱하기 5는 12이고… 4 곱하기 7은…
이런 식으로는 안 돼! 이러면 20까지 절
대 도달하지 못할 거야." 10진법에서 '4
곱하기 5'는 20이지만, 18을 10으로 삼는
18진법에서는 20을 12로 표기한다. 이
런 식으로 10진법에 의한 '4×n'의 수는
(3n+3)진법에서 '10 더하기 (n-3)'의 수가

캐롤

개소리란 무엇인가

되기 때문에 42진법에 이르면 '10+10'이 되기는 하지만, 답은 20이 아니라 '2a'와 같이 새로운 수로 표기해야 한다.

《이상한 나라의 앨리스》

앨리스의 구구단은 넌센스였지만, 누군가의 설명이나 자신의 힘으로 숨은 이치를 알아챈 어른들에겐 경이로운 구구단이었다.

《이상한 나라의 앨리스》에는 하나의 질문에 여러 개의 답, 즉 다양한 사고와 선택이 가능하다는 캐롤의 수학적 설계가 담겨 있다. 그는 당대의 교육문제에 대해 직설적 비판이 아니라 아이러니와 패스티시(혼성모방)를 버무린 풍자로 어른과 아이들에게 참과 거짓의 이분법을 뛰어넘는 상상력을 불어넣고자 했다. 그와 오솔길을 동행했던 앨리스 자매들은 이상한 동물들과 묻고 답하는 상상 속에서 '경이로운 세상(Wonderland)'을 경험한 것이다.

아름답지만 사실이 아닌 것을 말하는 것이 예술의 원래 목적이라고 생각했던 와일드는 《거짓말의 쇠퇴》에서 동시대 정치인들과 예술가들을 비꼬았다.[9] 이 작품에서 비비안은 정치인들의 잘난 척하는 입증·토론·주장을 와전(misrepresentation)으로 비유한다. 와전은 humbug나 bullshit

오스카 와일드

의 특징이라는 점에서 개소리를 지칭한 것으로 풀이할 수 있다.

비비안은 "고대 역사가들은 우리에게 즐거운 허구를 사실처럼 묘사해 주었는데, 오늘날 작가들은 허구의 외피를 쓰고 지루한 사실들을 쓰고 있다."고 힐난하고, "지금의 초상화가들은 완벽하게 잊혀질 운명이다. 그들은 자신이 보는 것을 그리지 않고, 대중이 보는 것을 그린다. 결국에 대중은 아무것도 보지 못하게 된다."고 풍자했다.

제임스 배리

배리의 《피터 팬》은 어려서 세상을 떠난 형과 그로 인해 정신적 성장이 멈춘 듯한 자신의 모습이 투영된 것이었다. 캐럴이 엘리스 자매들과 소풍을 가면서 작품을 구상했던 것처럼 배리도 피터를 비롯한 오형제와 켄싱턴 가든을 걸으면서 모티브들을 얻었다고 한다. 또한 성장이 멈춘 피터 팬은 《양철북》의 성장이 멈춘 오스카에 영감을 주었을 것이다.

풍자가들은 기발한 조롱과 야유로 대중을 즐겁게 하지만, 때론 만만치 않은 복병을 만나기도 한다. 독설적 풍자로 말하자면 트웨인에 못지않은 버나드 쇼가 한번은 처칠에게 이런 전보를 보냈다고 한다. "저의 연극 초연 때 좌석 2개를 예약했으니 친구와 함께 오세요. 친구가 있

버나드 쇼

다면 말이죠." 처칠은 정중한 답변을 보냈다. "초연 관람은 어렵습니다. 두 번째 공연에 가겠습니다. 공연이 열린다면 말이죠."

프랑스에서도 라블레(1483), 라 보에시(1530), 라 퐁텐(1621), 발자크(1799), 위고(1802), 뒤마(1802), 풍자화가 도미에(1808), 뒤마 2세(1824), 도데(1840), 모파상(1850), 앙토넹 아르토(1896), 생 텍쥐페리(1900), 장 주네(1910), 까뮈(1913), 로맹 가리(1914, 본명 로만 카체프)가 독특한 색채로 풍자의 세계를 그렸다.

발자크는 〈체험현장 24시〉와 같은 사실적 묘사들을 통해서 인간의 본성과 당대를 풍자했다. 《고리오 영감》에서 탈옥수 보뜨랑은 "사회적 성공이 공부와 재능과 노력을 통해 달성될 수 있다고 보는 것은 환상이다."고 일갈했다. 프랑스의 권력부패와 상류사회의 위선에 대한 뻔한 이야기가 탈옥수의 입을 빌리는 순간에 체제

발자크

의 기저를 흔드는 불온한 기운을 드러냈다.

고리오 영감은 수전노로 행세하며 딸들을 위해 모든 재산을 바치지만 공허하게 세상을 뜬다. 채만식의 《태평천하》에서 윤두섭 영감도 일족을 위해 민족을 저버리지만 그의 자식들은 그의 욕심만큼 출세하지 못한다. 고리오 영감이 불쌍한 노인이라면 윤 영감은 행실이 형편없는 사람이다. 그가 인력거꾼의 삯을 깎으려고 엉뚱한 풍자를 남발하는 대목은 개소리가 누구의 것인가를 보여 준다.

> "일구이언은 이부지자(一口二言二父之子)라네. 암만히여두 자네 어매가 행실이 좀 궂었덩개비네!" "용천배기 콧구녕서서 마널씨를 뽑아 먹구 말지." "자동차나 기차나, 몸 무겁다구 돈 더 받넌 디 부았넝가." "자네가 내 허리띠에다가 목을 매달어두 쇠천 한 푼 막무가낼세!"

윤 영감이 마구잡이로 쏟아내는 풍자적 언사들은 돈을 덜 주려는 뻔뻔한 기만과 그가 보기에 배운 것이라곤 손톱만큼도 없는 무지렁이에 대한 혐오가 깃든 개소리였다.

뒤마는 반려동물들과 여생을 보냈는데, 《내 짐승들의 이야기(Ⅰ Histoirc de mes betes)》(1867)에서 프리차드라는 사냥개를 정신력과 애정을 가진 인간에게서나 볼 수 있는 경이로움과 독창력을 가진 유일한 개라고 극찬했다. 그는 개가 인간성을 대변할 만한 동물이라고 생각했던 모양이다. 그의 풍자적 기질은 자신의 가계에 대한 발언에서 잘 드러난다.

아이티의 어머니에게서 태어난 할아버지를 둔
뒤마는 혈통의 문제를 바라보는 당시 프랑스인
들을 조롱하듯이 이렇게 풍자했다.

뒤마

"우리 아버지는 물라토, 할아버지는 깜둥이였
고, 증조할아버지는 원숭이였습니다. 알겠어요,
므슈(Monsieur)? 우리 집안은 당신네 집안이
끝나는 곳에서 시작했어요."[10]

생 텍쥐페리

모파상의 《비곗덩어리》(1880)는 제목만으로도 풍자적이다. 비곗덩어
리로 불린 여인은 프랑스 기성세대의 뻔뻔함을 드러내는 거울이다. 작
가는 그녀를 갈망하는 청년을 통해 순수에 대한 여지를 남겨 뒀다. 순수
가 사라지면 더 이상 뻔뻔함과 대조할 수 있는 기준이 없어지기 때문일

까. 순수가 절멸하면 뻔뻔함이 더 이상 자연선택의 비교우위를 누릴 수 없기 때문일까.

까뮈

채플린의 영화 〈위대한 독재자〉가 오해를 받은 찰리를 통해 독재자를 희극적으로 풍자했다면, 까뮈의 희곡 〈오해〉는 오해를 자초한 아들을 통해 일가족을 비극적으로 풍자했다.

그리스·로마 신화에서는 변신과 증표에 얽힌 오인과 오해로 인한 비극이 많다. 헤라의 질투로 곰이 된 칼리스토는 자신의 아들과 조우했으나, 아들은 어머니를 못 알아보고 창으로 찌르려고 했다. 제우스는 존속 살인을 막으려고 모두 하늘에 올려 큰곰자리와 작은곰자리로 만들었다.

사냥을 잘하던 악타이온도 우연히 아르테미스의 수치심을 자극해서

개소리란 무엇인가

저주를 받아 사슴으로 변했다. 그는 자신의 사냥개들에 쫓겨 다니다 참혹하게 죽음을 당했다. 신화는 그럴싸한 것이 사실 자체보다 우월하다는 것을 풍자한다.

아테나의 왕 아이제우스는 자신의 칼과 신발을 아들을 식별할 증표로 남겨 두었고, 그의 아들 테세우스가 장성하여 아버지의 나라로 찾아갔다. 아이제우스의 새로운 부인 메디아가 마법을 부려 그의 아들을 독살하려고 했으나, 아이제우스는 청년의 칼을 보고 아들임을 알아챘다.

테세우스는 검은 돛을 단 배를 타고 '반인반수의 괴물' 미노타우로스를 죽이고 제물이 될 뻔한 아이들을 구했지만, 아버지에게 자신이 승리하면 흰 돛을 달고 오겠다고 말했던 것을 망각했다. 아이제우스는 검은 돛을 단 배가 온다는 소식을 듣고 자결했다.

오해 혹은 오인과 와전은 까뮈가 〈오해〉의 서두에서 강조한 '성실의 윤리'와 관련이 있다. 오해를 받은 아들에게는 위선이든 위악이든 가식과 기만이 팽배한 세상이 투영돼 있다. 까뮈는 이 작품이 고대 그리스·로마 신화의 자멸적 풍자가 아니라 사소한 성실과 정직이 커다란 비극을 막을 수 있다는 깨달음에 관한 것이라고 역설했다.

"이 연극이 숙명에 대한 굴복을 감싸 준다고 생각하면 그릇된 판단이다. 이 작품은 정직함의 윤리를 담고 있다. 타인에게 올바르게 인식되기를 바란다면 자기가 누구인지를 솔직히 말해야 한다."[11]

오해를 받은 사람

오해를 받은 사람은 억울한 경우가 많지만, 세상에는 오해받기를 원하거나 오해를 받을 만한 사람들도 많다. 오해는 일방적인 인식행위가 아니다. 〈위대한 독재자〉에서 찰리의 우스꽝스러운 사칭은 독재자들이 권력을 장악하기까지 대중에게 얼마나 많은 오해와 와전을 초래하는가를 보여 준다. 대개의 독재자들은 정의롭고 민주적인 지도자로 오해를 받았고, 그렇게 오해되기를 열망했다.

오해를 자청한 경우로 말하자면 《하늘의 뿌리》로 콩쿠르상(1956)을 받았던 로맹 가리를 빼놓을 수 없다. 그는 '에밀 아자르'라는 가면으로 《자기 앞의 생》을 발간해서 두 번째 콩쿠르상(1975)을 받았지만 아무도 알아채지 못하는 것을 바로잡지 않았다. 깜빡 속은 일부 비평가들은 '신성' 아자르의 문체를 극찬하면서 가리보다 낫다고 평가했다. 나중에 진 세버그를 잃은 가리가 자살하면서 남긴 유서에서 아자르의 정체를 밝히자 프랑스 문단은 두 번 놀랐다.

발자크, 입센, 브레히트 등의 사실주의적 풍 자는 대중들이 평소에 당연하게 여겨 '보지 못 한 사실들'을 끄집어내 감흥을 불러일으켰다. 입센의 《민중의 적》에서 보건책임자인 스톡만 은 온천장 관광객들이 장티푸스와 위장질환 등 을 앓는 원인을 추적한 끝에 수질오염을 밝혀냈 다. 그는 주민과 관광객의 건강을 위해 문제를

헨리크 입센

공개하고 온천장의 개조를 공론화했으나, 이해관계자들과 주민들의 반 대로 자신이 '민중의 적'처럼 된다.

스톡만이 지방권력과 여론의 압력에 굴하지 않자 그의 부인마저 등을 돌리고, 온천장 주식을 사들여 그를 더욱 곤란하게 만든다. 스톡만은 민 주적 투표에 의해 직위를 잃고, 그를 지지했던 딸은 교직을 잃는다. 그 와 뜻을 함께했던 선장도 일자리를 잃는다. 스톡만은 온천장의 비밀을 파헤치다가 민주주의의 허상을 발견했다. 그는 지역 기득권자들을 민중 의 적이라고 생각했지만, 지역의 민중들은 그를 민중의 적이라고 생각 했다.

이 작품은 민중의 적이 어쩌면 민중들 자신일 수도 있다는 것을 풍자 한 셈이다.

미국에서도 어빙(1783), 소로우(1787), 에머슨 (1803), 포우(1809), 트웨인(1835, 본명 새뮤얼 클레멘스), 프랭크 바움(1856), 밀러(1891), 헤밍 웨이(1899), 스타인벡(1902), 엘리슨(1914), 바 크(1936) 등으로 미국식 풍자의 전통을 세웠다. 파일럿 출신 바크는 풍자의 전성시대에서 맨 끝자락에 등장한 '미국판 생 텍쥐페리'라고 할

트웨인

수 있다. 이러한 전통은 500개가 넘는 신문사에 칼럼을 기고해 'Wit of Washington'으로 통했던 부크월드(Art Buchwald), 《발칙한 유럽산책》 의 빌 브라이슨(William M. Bil Bryson), 풍자적 SF소설을 쓴 딕(Philip K. Dick) 등으로 명맥이 이어졌다.

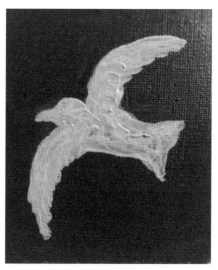

바크의 《조나단 리빙스턴 시걸》

개소리란 무엇인가

소로우가 《월든》에서 묘사한 이사행렬은 너무나 사실적이어서 풍자적이다. 커다란 마차에 가구와 온갖 잡동사니를 싣고 아이들을 태우고 이사하는 장면은 풍자의 핵심인 유머와 페이소스를 담고 있다. 소로우는 구질구질한 것들을 버리지 못하는 습관에서 한 평도 안 되는 땅에 묻힐 인간의 집착을 본다.

프랭크 바움의 《오즈의 마법사》는 경제 및 금융에 대한 풍자의 시대를 열었다. 밀러의 《세일즈맨의 죽음》에는 가족관계에 대한 풍자가, 스타인벡의 《분노의 포도》에는 종교적 풍자가, 엘리슨의 《투명인간》에는 인종적 풍자가 담겼다.

독설적 풍자의 대가였던 트웨인은 강연회에서 "어떤 의원들은 개자식이다."고 말했다가 항의를 받자 지상으로 "어떤 의원들은 개자식이 아니다."고 정정했다. 그는 한 강연회에서 "자신이 거짓말을 하지 않는다고 생각하는 사람은 있어도 항상 진실만 말하는 사람은 존재하지 않는다."고 했다.[12]

영국·프랑스·미국 외에도 이탈리아의 풍자화가 아르침볼도(1527), 콜로디(1826, 본명 카를 로렌치니), 노르웨이의 입센(1828), 러시아의 고골리(1809)와 체홉(1860), 덴마크의 안데르센(1875), 독일의 그림 형제(1785, 1786), 브레히트(1898), 귄터 그라스(1927), 폴란드의 코

콜로디

와코프스키(1927)에 이르기까지 여러 작가들이 다양한 장르에서 세상을 풍자했다.

동화《피노키오의 모험》에는 거짓말에 관한 풍자가 나온다. 피노키오는 여우와 고양이를 사기꾼으로 고소하지만, 늙은 원숭이 판사는 제 권리를 못 지킨 피노키오를 가둔다. 피노키오는 황제의 '강도 대사면'으로 석방되는 줄 알았지만, 교도관은 강도가 아닌 죄수는 사면대상이 아니라고 말한다. 피노키오는 자신이 실은 강도라고 거짓말을 해서 빠져나온다. 피렌체 출신 작가 콜로디가 묘사한 늙은 원숭이 판사는 300년 전에 밀라노 출신 화가 아르침볼도(Giuseppe Arcimboldo)가 법관을 그로테스크하게 그린 것을 연상케 한다.

원작의 삽화에 나오는 피노키오는 디즈니 스타일과 달리 성인에 가까운 형상이다.

개소리란 무엇인가

안데르센은 자신의 삶에서 모티브를 얻은 동화들을 썼지만, 어린이들을 속이는 이야기나 쓴다는 비난을 받기도 했다. 《성냥팔이 소녀》는 남편을 잃고 경제적으로 어려움을 겪었던 어머니가 모티브가 됐고, 《미운 오리 새끼》는 자신의 외모와 문단에서 백안시되었던 경험에서 비롯되었다. 또한 《눈의 여왕》은 아버지의 요절과 연관된 것이었다. 그의 대표작인 《인어공주》는 자신의 궁극적 목적을 위해 희생하지만 자신의 의도와 상반된 결과를 맞이하는 삶의 아이러니가 담겨 있다.

도데의 《황금 뇌를 가진 사나이》, 카프카의 《변신》, 생 텍쥐페리의 《어린왕자》는 인간과 사회의 아이러니한 부조리를 희·비극적으로 풍자했다.

북유럽풍의 《백설공주》

《어린왕자》

《오즈의 마법사》

개소리란 무엇인가

1800년대에 등장한 공상과학소설, 추리소설, 괴기소설은 인간과 사회를 그로테스크하게 풍자했다. 메리 셸리(1797)의 《프랑켄슈타인과 괴물》, 위고의 《프레도와 콰지모도》, 스티븐슨 (1850)의 《지킬 박사와 하이드》, 와일드의 《도리안 그레이의 초상화》, 웰스(1866)의 《투명인간》 등이 그러하다.

《지킬 박사와 하이드》

카프카의 《변신》에서 주인공 잠자가 대형 갑충으로 변태하는 대목은 그리스·로마 신화의 켄타우루스에 투사된 인간본성의 이중성과 딜레마를 현대적으로 재현한 것으로 해석할 수 있다. 잠자는 가족의 생계와 미래를 걱정하며 집과 직장을 오가는 헌신적인 청년가장이었다.

카프카

잠자는 자신이 어떻게 되면 가족들에 닥칠 불행을 늘 염려하며 돈벌이에 최선을 다했다. 그가 갑자기 벌레로 변하자 가족들은 엄청난 충격에 빠지지만, 그가 사라진 후에 가족들은 돈벌이도 하고 일상을 영위한다.

변신

웰스의 《투명인간(The Invisible Man)》은 SF소설이 SF영화와 사회풍자 소설로 패러디된 대표적 사례로 꼽힌다. 이 작품은 1930년대에 영화로 제작되었고, 1950년대에 흑인작가 엘리슨의 동명 소설로 재탄생했다. 《지킬 박사와 하이드》도 과학기술의 진보와 발을 맞추어 지속적으로 패러디되었는데, 만화·TV드라마·영화로 제작된 〈헐크〉로 새단생했다.

발자크, 와일드, 로렌스, 생 텍쥐페리 등은 40대에 세상을 떠났다. 풍자가들은 초기 인상파 화가들처럼 시대와 불화했지만, 일부 동화 작가

개소리란 무엇인가

들은 살아서 상당한 성공을 누리기도 했다.

투명인간

1 연합뉴스, "코미디황제 이주일 씨 별세", 2002.8.27.

2 啍의 중국어 발음(tūn)은 '트온'과 '토언'의 어중간한 발음으로 한글로 표기하기
어렵다. 啍은 입 구(口)와 누릴 향(享)의 뜻이 어우러져 '마음껏 입을 놀린다'는
의미와 '제 멋대로 가르친다'는 의미도 있다. '啍啍'은 뭔가에 걸려 덜커덩거리는
소리를 나타내기도 한다. 啍과 구분하기 힘든 哼(hēng)은 입 구(口)와 삶을 팽
(亨)이 합쳐져 '신음한다'는 의미를 갖는다. 입을 삶으면 신음할 수밖에 없다. '哼
哼'은 아이들의 칭얼대는 소리를 흉내 낼 때 쓰이기도 한다.

3 "舍夫種種之民하고 而悅夫役役之佞하며 釋夫恬淡無爲하고 而悅夫啍啍之意하
나니 啍啍已면 亂天下矣니라.(저 소박한 민중들을 버리고 곰상스러운 말재간꾼
이나 좋아하며, 편안하고 담백하며 작위가 없는 무위를 버리고 어지러이 말재주
를 부리는 인위적 욕망을 좋아하니 말이 많아지면 천하가 어지러워진다.)" 啍啍
에 대해서 곽상은 '자기가 다른 사람을 가르치는 모양'이라고 했고, 사마표는 '하
찮은 지혜를 부리는 모양'으로 풀이했다. 마서륜은 啍을 횡설수설한다는 뜻의
준(訰)과 같은 말로 간주한 반면에, 계동(系侗)은 啍을 諄(타이를 순)과 동의어
로 보아 '자세하게 일러 준다'는 뜻으로 풀이했다. 전통문화연구회 동양고전종합
DB 장자편. 참조.

4 앵거스 그레이엄, 김경희 역, 《사유의 보폭을 넓히는 새로운 장자 읽기》(이학사,
2015). pp. 543~553.

5 유치진, 《춘향전》(정음사, 1949). pp. 140~148.

6 미구엘 드 세르반테스, 박철 역, 《개들이 본 세상》(시공사, 2011). p. 55.

7 왕스징, 신영복·유세종 역, 《魯迅傳 : 루쉰의 삶과 사상》(다섯수레, 1992). pp.
187~193.

8 Arbuthnot, John(1713). The Art of Political Lying. Kindle Edition from Editions
Dupleix(2013).

9 Wilde, Oscar(1891), 'The Decay of Lying' in Intentions. New York : Brentano(1905).

10 "Mon père était un mulâtre, mon grand-père était un nègre et mon arrière grand-père un singe. Vous voyez, Monsieur : ma famille commence où la vôtre finit." Alexandre Dumas ou les aventures d'un romancier. collection Découvertes Gallimard/Littératures(1986. 11). p. 75.

11 알베르 까뮈, 김화영 역, 《오해》(책세상, 1999) 등 참조.

12 Mark Twain(1882), On the Decay of the Art of Lying, The Project Gutenberg Ebook(2004).

II.
권력의 개소리

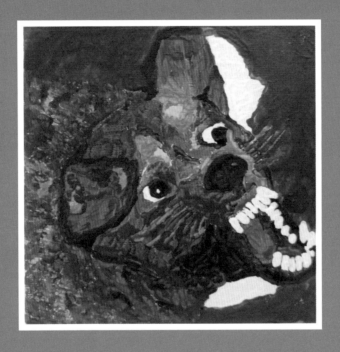

"모든 동물은 평등하다. 그러나 어떤 동물은 다른 동물보다 더 평등하다."
- 오웰의 《동물농장》 중에서 -

3.

풍자의 대체 : 정치적 개소리의 만연

"우리의 말이 우리를 구속한다는 말에는 정확성과 도덕성이 깃들어 있다."

- 오스틴(J. L. Austin) -

2차 대전을 거치면서 풍자는 국가존망을 건 이데올로기에 압도되었고 정치선전으로 대체 되었다. 흑색선전도 하기 바쁜데 풍자할 틈이 없었다. 일본 우키요예에 담긴 풍자는 군국주 의를 찬양하는 포스터로 대체되었고, 서유럽에 서는 히틀러와 나치 독일을 조롱하고 저주하는 전쟁포스터가 풍자를 대체했다.

우키요예 대가의 희화

전후에는 냉전에 몰두하면서 진영논리가 풍자를 대신했다. 한국전쟁 에서는 스탈린·마오쩌둥과 사회주의체제를 야유하는 정치선전이 풍자를 대체했다. 내부 비판적 풍자를 하다가는 천하의 반역자가 되었다. 디즈니와 광고의 영향이 커지고 TV와 영화가 발달하면서 19세기를 풍미했던 시와 소설을 통한 풍자는 쇠퇴했다.

냉전이 심화되면서 미국에선 매카시즘 광풍이 불었고, 소연방에선 대숙청의 피바람이 불었다. 채플린은 빨갱이로 몰려 미국을 떠났고, 나치를 피해 미국으로 갔던 브레히트는 동독으로 돌아갔다. 그러나 브레히트는 동독의 정치를 더 이상 풍자할 수 없었다. 풍자의 자유가 없어졌고, 그들은 냉전의 궤짝에 갇히게 된 것이다. 반면에 오웰의 후기 작품들은 냉전의 순풍을 타고 더욱 빛을 발했다.

브레히트

그라스의 《양철북》도 이러한 이데올로기 지형에 거슬리지 않은 탓에 세계적 명성을 얻을 수 있었고, 그러한 명성에 기대어 《넙치》에서 피해자로서 독일을 말할 수 있었다. 세계는 가해자로서 독일만 인식하지만 그라스의 눈에는 피해자로서의 모습도 분명히 존재했다. 일본도 원폭 피해자다. 그러나 일본의 일부 정치인들은 과거 일본을 가해자로 바라보는데서 인식론적 취약을 드러낼 뿐만 아니라 정신이상 수준의 개소리를 남발한다는 점에서 '광어'를 연상케 한다.

《양철북》

1950년대 이후 디즈니 시리즈는 동화의 세계를 환상적인 애니메이션으로 재창조하면서 원작에 담긴 풍자의 기운들을 제거하고 사실상 개작해 버렸다. 첨단 그래픽으로 재탄생한 피터 팬, 인어공주, 백설공주가 진짜가 되었고, 디즈니 스타일이 아닌 화풍으로 피터 팬을 그리면 더 이상 피터 팬이 아니었다.

디즈니풍의 피터 팬

디즈니풍의 피노키오

개소리란 무엇인가

미국에서는 상업광고가 풍자를 대체했다. 일부 광고는 유해한 거짓말들이었지만, 대개는 급변하는 사회의 변화된 욕구를 충족시키는 효과가 있었다.

담배 광고

피자 광고

특히 담배, 총기, 육류와 관련된 광고들은 대중을 기만하는 이미지와 문구를 내걸었다. '예비 엄마가 갈망하는 부드러운 맛', '이 피자는 스텔라, 애비게일, 낸시 등이 없었다면 만들어질 수 없었습니다.' 21세기에도 계

총기협회 SNS

속되는 총기협회 광고는 발렌타인데이 마케팅으로 SNS에 '커플 권총'을 선보였다.

피자 원료로 쓰인 소고기에 여성의 이름을 가득 채운 광고는 훗날 '육식-마초-젠더폭력'을 연계했던 베지테리언 페미니스트의 표적이 됐다. 육류광고는 여성을 은유하는 이미지와 구절을 남발하여 여성들의 반

발을 샀다. 페미니즘과 채식주의를 연계한 아담스(Carol J. Adams)의 《The Sexual Politics of Meat》(1990)는 여성의 이미지를 육류와 연계한 '광고의 흑역사'에 대한 신랄한 비판으로 점철되었다.

한국전쟁과 베트남전쟁을 거치면서 양분된 세계에서 이데올로기 선전이 정치풍자를 대체했다. 양 진영의 내부에서 스스로에 대한 풍자는 금기시되었고 반역으로 간주되었다. 그럼에도 내부의 풍자가 사라진 것은 아니었다. 질라스의 '노멘클라투라'와 지노비예프의 '호모 소비에티쿠스'가 그러하다.

1960~1980년대는 신생 독립국가들의 내전과 독재가 극심했던 시기였고, 억압적 이데올로기와 저항적 담론이 충돌하는 사회일수록 전투적 행동이 풍자를 대체했다. 철권통치가 횡행한 나라일수록 풍자는 억압되었고, 저항세력도 풍자를 선전의 수단이나 모호한 유희로 간주하는 경향이 있었다.

고바우영감, 오적, 작은 연못, 그리고 '야한 여자'

1970~1980년대 한국의 풍자소설이나 풍자시는 대부분 독재자와 주구들을 겨냥한 것이었고, 이러한 각인 효과는 지금까지도 저항세력의 기득권화와 정치적 타락을 제대로 풍자하지 못하는 사회적 무능을 초래했다. 그러나 세대가 바뀌면 누구나 풍자를 당해야 할 차례가 온다. 그 차

례를 맞이한 세대를 조롱하고 야유하지 않고서 정치를 제대로 풍자할 수 없고, 그러한 풍자가 없이는 정치발전을 기약할 수 없다.

1950년대 이후 정치풍자 만평으로 권력의 주구들에게 압력을 받았던 대표적 인물이 김성환 화백(1932)이었다. 김 화백은 이승만 정권의 사사오입 개헌을 풍자한 〈고바우 영감〉에 "푸른 제복을 입은 개에게 물렸다오."라는 대사를 넣었다는 이유로 벌금형을 받았다. '푸른 제복을 입은 개'는 독재자의 주구를 지칭한 것이 뻔한데, 당국이 그냥 놔둘 리가 없었다. 그는 여러 차례 위협을 당하며 검열과 삭제를 당했지만 정치풍자를 포기하지 않았다. 독자들이 신문을 받아들면 그의 만평부터 찾았던 까닭이다.

시인 김지하(본명 김영일)는 〈오적〉(1970)에서 개사슴록변(犭)이 들어간 한자들을 조합해서 재벌(猜猰), 국회의원(匊獩猗猿), 고급공무원(跙磔功無獂), 장성(長猩), 장차관(暲猻曈)이라는 새로운 한자어를 급조했다. 시인은 옥편을 뒤져 미친 개를 뜻하는 재(猜), 교활함을 뜻하는 회(獩), 으르렁거릴 의(猗), 원숭이 원(猿), 돼지 원(獂), 우랑우탄 성(猩), 개 미칠 차(猻)를 발굴해서 '몹쓸 짐승'을 연상케 하는 단어들을 만들었다.

하지만 독재와 정경유착, 노동자에 대한 과도한 착취가 창궐(猖獗)하던 시기에 '권력과 탐욕의 주구들'을 풍자한 것은 위험한 일이었다. 독재자를 겨냥한 것이라면 목숨을 걸어야 했다. 이 담시(譚詩)로 인해 김지하는 물론이고 사상계의 발행인 부완혁과 편집장 김승균이 반공법 위반 혐의로 구속되었고, 사상계는 폐간되었다. 이 시를 전재했던 정당의 기관지는 압수되었다. 김지하의 《분씨물어(糞氏物語)》는 임진택의 〈똥바다〉로 재창작되었고, 정치풍자 판소리 〈똥바다〉는 반향을 일으키며 120회 이상 공연되었다.

청아한 노래로 널리 사랑을 받았던 〈작은 연못〉(김민기 작시 작곡)도 실은 피멍이 든 정치풍자를 담은 것이다.

"깊은 산 오솔길 옆 자그마한 연못엔/지금은 더러운 물만 고이고 아무 것도 살지 않지만/(…) 어느 맑은 여름날 연못 속에 붕어 두 마리/서로 싸워 한 마리가 물 위에 떠오르고/(…)"

예쁜 붕어 두 마리의 싸움은 한반도 국가들의 내분과 한국 내부의 갈등을 중의적으로 야유한 것이었다.

1970~1980년대에 독재자와 주구들을 풍자한 작가들에게는 커다란 우군이 있었다. 반면에 1990년대 마광수 작가의 풍자는 사회적으로 생매장을 당했다. '모든 사랑에 불륜은 없다. 더럽게 사랑하사.'는 불온한 슬로건으로 교수사회를 불편하게 했던 마 작가는 음란문서 제조 및 배포 혐의로 구속됐다. 그런데 한국 사회의 이러한 경직성은 도덕성의 표현이 아니라 뻔뻔함의 발로였다는 것이 21세기의 '미투 열풍'에서 잘 드러난다.

당시에 문제가 된 《즐거운 사라》는 그의 풍자에서 특정한 측면만 부각된 것이었다. 그의 시집 《貴骨》(평민사, 1985)에 실린 〈국가〉, 〈왜 나는 순수한 민주주의에 몰두하지 못할까〉, 〈나는 야한 여자가 좋다〉, 〈귀골〉, 〈자살자를 위하여〉 등은 정치적 풍자였고, 〈야한 여자〉는 좌·우 기득권세력의 뻔뻔한 위선과 기만을 중의적으로 비꼰 것이었다.

> "아무것도 치장하지 않거나 화장기 없는 여인은 훨씬 더 순수해 보인
> 다/거짓 같다/감추려 하는 표정이 없어 너무 적나라하게 자신에 넘쳐
> 나를 압도한다/뻔뻔스런 독재자처럼/敵처럼 속물주의적 애국자처럼
> (…)"
>
> - 〈나는 야한 여자가 좋다〉 중에서 -

당시에 엄숙주의로 무장하고 대립했던 세력들은 그의 풍자를 방종한 이단자의 넋두리나 한가한 쾌락주의자의 음담패설로 간주하는 경향이 있었다. 당시의 사회적 분위기에서 그럴 수 있었다고 하더라도, 그가 30대 청년 시절부터 40대 초반까지 쓴 글들에 대해 30년이 넘도록 비관용을 고집한다는 것은 일종의 집단적 광기다. 그러나 우리의 정치사회는 자신들의 집단적 편견과 혐오가 남긴 흔적들을 자신의 일이 아닌 것처럼 물끄러미 바라본다.

21세기에 들어서 최영미 작가의 《돼지들에게》는 오웰의 동물농장을 연상케 하는 정치풍자가 담겨 있다.

"그는 원래 평범한 돼지였다/감방에서 한 이십 년 썩은 뒤에/그는 여우가 되었다…"

채플린이 공원, 경찰, 소녀만 있으면 얼마든지 영화를 만들 수 있다고 했던 것처럼 돼지, 개, 여우만 있으면 누구나 정치를 풍자할 수 있다.

한정선 화가의 〈블랙홀 : 밥의 제국〉(2017) : 도시의 과밀집에 대한 순응과 무신경은 이태원의 비현실적인 사건(2022)을 떠올리게 한다.

현대인들의 무기력과 '야생성의 거세'를 풍자하는 한정선 화가, 고려 탱화의 기법으로 정치우화를 그리는 김훈규 화가 등은 시각적으로 강렬한 구도와 색채를 통해서 새로운 풍자화를 개척하고 있다.

낙서화도 일종의 풍자화다. 뱅크시(1974 추정)의 다큐멘타리 감독 데뷔작인 〈선물 가게를 지나야 출구〉(2010)는 우리가 도시에서 흔히 겪는 불편에 담긴 구조적 부조리를 풍자한 것이다. 뱅크시는 그래피티를 하나의 예술작품으로 승화시켰지만, 국내에서 무단낙서는 재물손괴죄와 건조물침입죄로 처벌을 받을 수 있다. 덕분에 한국 지하철은 세계적으로 '깨끗한 지하철'이라는 명성과 함께 그래피티 작가들이 눈독을 들이는 거대한 도화지로 남아 있지만, 현란한 상업광고는 언제나 허용된다는 양면성이 있다.

뱅크시 등이 조성한 디즈멀랜드에 전시된 신데렐라의 뒤집힌 호박마차

그가 디즈니랜드를 풍자하여 조성했던 디즈멀랜드(Dismaland)에는 신데렐라의 호박마차가 자빠지고 파파라치들이 사진을 찍는 형상이 전시되었는데, 이는 파파라치에 시달리다 비명에 간 다이애나 전 영국 황

태자비를 연상케 한다. 또한 디즈멀랜드에서는 인어공주도 더 이상 환상적으로 가공된 디즈니풍의 미인이 아니었다. 뱅크시의 이러한 풍자들은 상업광고와 분간하기 힘들 정도로 마케팅에 열을 올리는 예술계 풍토에 대한 반자본주의적 조롱과 항의가 담겨 있다.

2020년 5월 코로나 펜데믹으로 사망자가 급증할 때 뱅크시는 영국의 사우샘프턴병원 응급실에 '게임 체인저'라고 명명한 풍자화를 붙였다. 전염병과 사투를 벌이며 인명을 구한 간호사 등 의료진에 대한 감사와 격려의 메시지였다.

뱅크시의 게임체인저

간첩 같은 꼬리표

작가 마광수가 강의 도중에 체포된 이유는 《즐거운 사라》의 출판 때문이었는데, 이

개소리란 무엇인가

풍자적 소설은 여성지에 연재했던 내용을 단행본으로 펴낸 것이었다. 《즐거운 사라》에 등장하는 교수는 이렇게 말한다. "내가 말하는 사랑은 그런 뜨뜻미지근한 사랑이 아니라 야한 사랑이에요. 겉과 속이 똑같은, 다시 말해서 본능적 욕구와 실제 행동이 똑같은 것이 바로 예술가적 정열을 가진 사람이 할 수 있는 야한 사랑이란 말입니다." 작가는 작중인물의 입을 빌려 겉과 속이 달라야 한다는 생각이 지배종이 된 사회를 야유한 것이다. 2007년에는 누군가 《즐거운 사라》를 작가의 홈페이지에 그대로 옮겨 적었는데, 작가가 이를 방치했다는 이유로 다시 기소돼 벌금형을 받았다. 작가는 항소도 하지 않았고, 죽기 1년 전에 '평생을 따라다니는 간첩 같은 꼬리표'라고 한탄했다.

"모든 동물은 평등하지만, 어떤 동물은 더 평등하다"

소설 《우리들의 일그러진 영웅》에서 엄석대가 "야, 이거 좋은데?"라고 말하는 것은 은근한 압력이라는 것을 급우들은 다 알고 있다. 이문열 작가는 이 작품에 대해 1980년대 중반의 한국 사회를 초등학교 교실을 빌려 우의적으로 형상화했다고 밝힌 적이 있다.

> "엄석대는 정당성과 정통성이 없는 권력이고, 그를 둘러싼 분단장들은 지식인 출신 관료 혹은 행정기술자이고, 첫 번째 담임 선생님은 미국이며, 그가 보여 준 것은 레이먼드 보너가 '독재자의 왈츠'라고 이름 붙인 미국의 1960, 1970년대 외교정책이다. 두 번째 담임은 경직되고 권위주의적인 이념이며, 그가 아이들의 의식을 일깨워 주는 방법은 그 폭력성에 다름 아니다."[13]

오웰의 《동물농장》에 나오는 "모든 동물은 평등하다. 그러나 어떤 동물은 다른 동물보다 더 평등하다. (All animals are equal, but some animals are more equal than others)"는 구절은 개소리의 본질을 명징하게 드러내는 정치풍자의 명문이다. 이 구절은 '국가, 그건 바로 나'라는

오웰

절대군주의 명제를 전복시킨 다음에 옆으로 뒤집은 셈이다. 블랙(Max Black)이 오웰을 'anti-humbuggers'의 표본적 인물로 지목한 것도 이처럼 권력의 개소리에 담긴 기만성을 간결하게 풍자하는 통찰력을 높이 샀기 때문일 것이다.

'어떤 동물은 다른 동물보다 더 평등하다'는 명제는 동물농장 구성원들의 정당한 기대와 요구를 묵살하려고 했다는 점에서 동문서답이다. 또한 이 말은 결정권자들과 대중의 권력관계에서 나타난 대리인(피위임자)의 책임전가이자, 대중의 의심을 묵살하는 아시타비를 담고 있다. 이처럼 결정권자들의 기만은 심오한 이치를 담은 것처럼 그럴싸하게 포장이 되어도 결국은 허장성세가 드러나기 마련이다.

2022년 8월 1일 프랑스 물리학자 클렝(Etienne Klein)이 지구에서 4.2 광년 떨어진 프록시마 켄타우리를 제임스웹 우주망원경(JWST)으로 찍었다는 한 장의 사진을 트위터에 올렸다. 우주 전문가라도 선뜻 반증할 수 없었고, 일반인은 클렝의 공신력을 무시할 수 없기에 사실로 믿었다.

개소리란 무엇인가

그는 1시간 후에 "칵테일 시간에는 인지적 편견이 즐길 거리를 찾는 것 같은데 이를 조심해야 한다. 현대 우주학에 따르면 스페인 육가공품과 비슷한 물체는 지구 외에는 어떤 곳에도 존재하지 않는다."고 밝혔다. 클렝의 풍자적 언사는 과학자로서 부적절하다는 힐난을 받기도 했지만, 우주를 떠도는 '러셀의 찻주전자'처럼 반증 불가능한 개소리에 대한 경각심을 환기시켰다.

정치적 맥락에서 반증 불가능한 개소리를 하는 가장 큰 이유는 책임전가인 경우가 많다. 타인에게 어떻게 해야 한다는 평소의 생각에 반하는 언행은 자기배반이다. 그럼에도 이런 언행을 정당화하는 자기기만을 되풀이하면, 그러한 태도를 정당화할 수 있는 사회적, 정치적, 경제적 가치나 목적에 더욱 경도됨으로써 자기배반을 완성한다.[14]

호언장담

권력의 개소리에서 가장 오래된 특징의 하나는 호언장담이다. 1936년 3월 소비에트 이데올로그 데보린(A. Deborin)은 하이젠베르크(W. Heisenberg)의 '불확정성의 원리(uncertainty principle)'를 철학적으로 파시즘에 가깝다고 단언했다. 이데올로그들의 공세에 물리학자 프렌켈(Yakov Frenkel)은 이렇게 풍자했다.[15] "나는 소비에트 인민의 한 사람으로서 과학에 해로운 견해에 동조할 수 없다. 프롤레타리아 수학이나 프롤레타리아 물리학이 따로 있을 수는 없다."

소비에트체제에서 '맨발의 과학자'로 통하던 리센코(Trofim Lysenko)는 당의 농작물 증산요구에 부응하고자 '식물계급론'을 설파했다. 같은 계급의 식물(동종의 작물)은 물과 영양분을 놓고 싸우지 않기 때문에 서로 가까이 두어도 잘 자란다는 것이다. 그는 생물학계를 이데올로기적으로 재편하면서 자신의 견해에 반대하는 생물학자, 농업기술자를 반마르크스주의·반소비에트로 규정했다. 리센코는 1970년대까지 살아남아 'DNA는 서유럽과 미국의 음모'라는 개소리를 계속했다.

체르노빌 원전폭발사고가 발생하기 3개월 전에 소연방의 고위인사가 "체르노빌 원전에서 노심용융(meltdown)이 발생할 가능성은 만 년에 한 번."이라고 말했다. 이런 호언장담은 자기파멸을 예언하는 불길한 개소리다. 2000년 8월의 핵추진함 쿠르스크호 참사는 체르노빌에서 드러난 관료체제의 문제가 여전하다는 것을 보여 주었다.

1958년 사회주의 신생국가 중국은 네 가지 해로운 생물을 박멸하자는 '제사해(除四害) 운동'을 전개했다. 중국 당국은 보건위생과 농작물에 해로운 모기·쥐·파리·참새에 대한 거국적 소탕작전을 벌여서 상하이에서만 파리 4만 8천kg, 쥐 93만 마리, 참새 136만 마리를 제거한 것으로 알려졌다.[16] 지방의 일부 당 간부들은 제사해 운동에 참새가 포함된 것에 어리둥절하는 농민들에게 "참새는 자본주의의 대표적 동물"이라고 선전했다고 한다. 헐벗은 들녘에서 태어난 참새들에겐 '의문의 개소리'였다. 참새가 사라지자 메뚜기 떼가 번성해서 들녘을 초토화시켰다.

대약진 총력전을 벌이던 인민정부는 거대한 용광로를 만들기 어려운 여건에서 재래식 방법으로 작은 괴(塊)를 만들어 고철로 철강을 생산했다. 토법고로(土法高爐) 운동은 대장장이들을 동원해서 성과를 거두면서 전국으로 확대되었으나, 고철의 재고가 빠르게 고갈되면서 멀쩡한 농기구에서 식기구와 양철지붕까지 고로의 제물이 됐다. 또한 고로에 땔감으로 사용할 나무를 구하기 위해 산림의 2/3 정도를 벌목하면서 산사태까지 발생했다.[17] 1970년대 한국에서도 폐지수집 의무화에 따른 할당량을 채우기 위해 학생들이 곤혹을 치렀다. 어떤 학생들은 멀쩡한 책이나 참고서까지 폐지로 냈다. 디쾨터(Frank Dikötter)는 자연에 맞선 중국 인민의 영웅적 투쟁이 인간과 자연의 미묘한 균형을 깨뜨려 농업과 산림에 악영향을 끼쳤다고 평가했다. '식물계급론'이나 '참새와의 냉전'은 혁명의 프로메테우스가 농촌 프롤레타리아에게 건넨 '과학의 불'이 아니라 '볼펜 농사꾼들'의 개소리였다.

4.

동문서답 · 책임전가 · 아시타비 · 허장성세

정치적 맥락에서 개소리는 교묘하게
대중을 기만하려는 모호한 말들이지만,
노골적인 정치선전보다 연성화된 풍자
적 언사로 대중의 환심을 사려고 한다.
근래 우리 정치사회의 두드러진 특징의
하나는 풍자를 당해야 할 당사자가 도리
어 세상을 훈계하고 풍자하려고 한다는
점이다.

채플린의 〈위대한 독재자〉

우리 정치사회가 사자성어를 선호하는 경향을 고려하여, 정치적 개소
리에 대해 사자성어로 풍간[18]을 해 보면 다음과 같다.

첫째, 개소리는 동문서답이다. 자신의 잘못을 감추려는 의도에서 모
호한 말로 뻔뻔하게 굴거나 어리숙한 척하면서 딴청을 부리는 것이다.

동문서답은 정신없이 횡설수설하는 허언이 아니라 가식의 구체적 행위 및 결과와 연관된다는 점에서 양두구육이나 표리부동의 화행(speech act)이다.

둘째, 동문서답은 십중팔구 책임을 전가하려는 의도에서 나온다. '방귀 뀐 놈이 성낸다.'는 말처럼 '나 혼자만 그랬냐, 다들 그러지 않았냐?'고 공범의식을 부추기거나, '한 번도 그런 적 없는 자가 어디 있냐?'고 무고한 대중에게 양심의 가책을 요구하는 개소리가 발화한다. 과오의 대가를 치러야 할 당사자가 도리어 세상을 조롱하고 호통치는 것이 개소리의 매력이다. 심지어 '똥 묻은 개가 겨 묻은 개를 나무란다.'는 속담이나 '제 눈의 들보는 못 보고 남의 눈 티끌을 탓한다.'는 말로 상대의 책임으로 화제를 바꾸는 것이 개소리의 위력이다. 결국은 "너희 중에 죄 없는 자가 먼저 돌로 치라."(요한복음 7장 7절)는 말이 "누가 누구에게 돌을 던지냐?"는 적반하장의 논리로 둔갑하여 심오한 개소리의 경지에 도달한다.

셋째, 책임전가를 효과적으로 하려면 아시타비의 굳건한 신조와 교묘한 디테일이 필요하다. 수오지심이 상대편으로만 적용되는 아시타비의 기저에는 자만, 자아노취, 사화사산이 낄려 있고, 집단적 맥락외 아시타비는 자기기만과 집단사고의 소산이다. 아시타비는 '내로남불'과 당동벌이로 귀착되고, 내 편에 대한 '묻지마 지지'와 상대편에 대한 불신과 혐오를 강화한다. 집단적 아시타비의 수혜자는 적대적 공생구조를 지탱하면서 진영논리로 적대하는 세력들이고, 중도적 해법이나 완충지대는 협살

개소리란 무엇인가

을 당하기 쉽다. 탈식민지·민주화 이후 집단적 아시타비는 정치적 정신이상을 부추겨서 좌우를 불문하고 사이코패스 혹은 소시오패스 성향의 집단적 부화 및 서식의 온상이 되었다.

넷째, 아시타비는 발생론적으로 호언장담, 호가호위와 연결되고 궁극적으로 허장성세로 귀결된다. 자신 혹은 자신이 믿는 이념이나 자신이 속한 집단이 옳다고 믿는 숭고한 명분은 그 자체로 수단의 정당화에 관해 한계를 설정하지 않고, 이에 따라 유서 깊은 허(虛)씨 집안이 번창하게 된다. 허위와 허구를 비롯해 허영·허황·허상·허풍·허무·허세 등 무궁무진한 허자 돌림이 번성한 이유는 단순히 경제적 이득을 위한 기만과는 다른 요인들이 작용한다. 베버는 정치인의 특징으로 허영심을 들었는데, 허장성세는 그러한 허황된 야심에서 비롯되는 허풍, 블러핑, 호가호위, 구라 뻥, 호언장담, 과장과 가식이 체질화된 위선을 집약한 말이다. 여기서 호가호위는 허무맹랑한 신비화와 우상화의 기초를 이루는 집단적 허위의식이나 자기기만에 대한 우화적 풍자라는 점에서 호언장담과 함께 허장성세의 핵심 구성이다.

권력의 개소리 : 네 가지 특징

우리 정치사회에 만연한 개소리 중에서 몇 가지 사례만 살펴봐도 동문서답, 책임전가, 아시타비, 허장성세가 두드러진다는 것을 알 수 있다.

박정희의 10.17선언과 전두환의 4.13담화는 네 가지 특징이 중첩된 대목이 많다는 점에서 개소리의 표본적 사례다. 요즘에는 두 세 글자로 된 음어(code word)로 개소리의 목적을 충족하는 경우도 있다. 광주에 북한 특수부대원들이 잠입했다는 뜻을 담은 '광수'와 피해가 불확실하여 무고의 의심을 살 수 있다는 은근한 협박이 담긴 '피해호소인'이란 신조어가 대표적이다.

1) 동문서답

동문서답과 표리부동, 양두구육, 횡설수설, 몽중몽설, 좌충우돌, 우왕좌왕 등은 어느 정도 상통하는 유의어들이지만, 정치적 개소리의 모호성과 기만성을 포괄하면서도 뻔뻔함을 잘 드러내는 사자성어는 역시 동문서답이다.

"국민 여러분! 이제 일대 개혁의 불가피성을 염두에 두고 우리의 정치 현실을 직시할 때, 나는 정상적인 방법으로는 도저히 이 같은 개혁이 이루어질 수 없다는 판단을 내리게 되었습니다. 오히려 정상적인 방법으로 개혁을 시도한다면 혼란만 더욱 심해질뿐더러, 남북 대화를 뒷받침하고 급변하는 주변 정세에 대응해 나가는 데 아무런 도움이 될 수 없다고 믿었기 때문입니다. (⋯) 우리 실정에 기장 알맞은 체제 개혁을 단행하여야 하겠다는 결심을 하기에 이르렀습니다."(10.17특별선언)

5.16군사쿠데타 당시에 약속했던 민간이양을 위한 정상적인 방법을

강구하지 않는 대신에 종신체제로 가려는 비정상적인 방법을 역사적 사명이라고 한 것은 동문서답이었다.

> "모든 국민이 그토록 바라던 합의개헌은 한 치의 진전도 이룩하지 못하고 있으며 이 문제를 놓고 정파 간에 심각한 반목과 대립만을 거듭하고 있음은 심히 답답하고 유감스런 일이 아닐 수 없습니다. 이대로 가다가는 합의개헌의 실마리가 풀리기는커녕 국론이 분열되고 사회 혼란이 조성되어 끝내는 평화적 정부이양마저 과연 제대로 될 수 있을까 하는 것이 국민의 공통된 우려라고 할 수 있겠습니다."(4.13담화)

대통령을 국민의 손으로 뽑겠다는 직선제 개헌요구에 대해서 논의를 금지한 것은 동문서답이었다.

일부 검사들이 독일 법철학자가 스스로 수정한 법이론의 한 대목을 취하여 '성공한 쿠데타는 처벌할 수 없다.'는 논리를 내세운 것은 군사반란으로 인한 폐해를 바로잡으라는 국민의 요구를 외면한 동문서답이었다.

"진실과 차이가 나도 허위사실 공표로 볼 수 없다."는 대법원장의 언명은 '진실이 아닌' 혹은 '진실과 다른'이란 표현을 피하고 '차이'라는 말을 써서 진실과 허위의 경계를 모호하게 만들었다. 진실과의 차이라는 표현은 '움직이는 것은 정지해 있는 것과 같다.'는 제논의 역설처럼 반증 불가능한 궤변과 닮았다. 진실과 허위의 '구분'을 요구한 고발인들에게 '차이'로 답한 것은 오웰의 '더 평등한 동물'과 같이 동문서답의 특징이 드러난다. 진짜와 가짜의 모호한 중간, 사실과 허위의 애매한 경계선, 참과 거짓의 혼재는 개소리의 온상이다.

1980년대에 나돌았던 가짜뉴스가 40여 년이 흐른 다음에도 '광수'라는 말로 고인들과 유족들의 명예를 훼손하는 것은 전두환의 자기기만[19]과 함께 '최장수 동문서답'이다.

2020년 7월 ○○당 여성 의원들이 소셜네트워크에서 만든 것으로 알려진 '피해호소인'이란 신조어는 20대 피해 여성이 50~60대 여성 의원들에게 기대했을지도 모르는 바람과는 정반대의 동문서답이었다. 당시에 ○○시 대변인도 '피해를 호소하는 직원'이라고 지칭함으로써 동문서답에 부화뇌동했다.

2) 책임전가

책임전가는 정치적 개소리, 특히 권력의 개소리에 내포된 기만적 의도를 특징짓는 가장 두드러진 요인이다.

> 책임전가란 말보다 적반하장이 전달력이 좋지만, 책임회피 및 책임선가는 정치적 개소리의 가장 핵심적이고 포괄적인 동기이자 결과라는 점에서 '책임'이란 말을 명시적으로 강조할 필요가 있다.

"아무리 훌륭한 제도라 하더라도 이를 지킬 수 있는 능력이 없을 때에는 이 민주체제처럼 취약한 체제도 또한 없는 것입니다. 나는 지금 우리 민주체제에 그 스스로를 지켜 나가며, 더욱 발전할 수 있는 활력소를 불어넣어 주고, 이를 바탕으로 하여 남북 대화를 굳게 뒷받침해 줌으로써 평화 통일과 번영의 기틀을 마련하고자 이 개혁을 단행하는 것입니다."(10.17선언)

헌법에 보장된 기본권조차 제약하고, 심지어는 국회해산 등 헌정중단을 선언하면서 국민이 민주적 제도를 지킬 능력이 없다고 강변하는 것은 전제군주처럼 군림하려는 독재자의 책임전가였다.

"있는 법도 제대로 지키지 않으면서 헌법만 고치면 하루아침에 민주주의가 다 될 것처럼 생각하는 것은 이만저만한 환상이 아닙니다. 그것은 과거 여덟 차례나 헌법을 고친 우리의 정치사가 여실히 말해 주고 있습니다. (…) 국민이 원한다는 명분 아래 집권연장을 위한 개헌이 여러 차례 이루어져 1인 장기집권의 폐해가 누적되었고 결국에는 평화적인 정부교체에 실패하고 말았던 것입니다. (…) 그러한 과오와 위험 때문에 대통령직선제는 우리의 불행한 헌정사와 더불어 역사 속에 매몰되어 버렸던 것입니다."(4.13담화)

1인 장기집권으로 인한 폐해를 국민이 요구하는 대통령직선제의 탓으로 돌리고, 역사적 불행의 책임이 국민의 능력부족에 있는 것처럼 말하는 것은 독재자들의 전형적인 책임전가의 논리였다.

성공한 쿠데타는 처벌할 수 없다는 논리는 쿠데타 세력의 치하에서 생존해야 했던 국민들에게 "왜 그때 몰아내지 못했냐."고 책임을 추궁하는 적반하장의 억지가 담겨 있다.

"진실과 차이가 나도 허위사실 공표로 볼 수 없다."는 말도 이 사건으로 인한 정치적·사회적 비용의 책임을 고발인들과 국민에게 전가했다는 힐난을 받을 만하다.

'광수'라는 두 글자는 국헌문란과 인명살상의 책임을 은근히 피해자들에게 떠넘기는 간교한 책임전가를 의도하고 있다. '피해호소인'이란 다섯 글자도 피해 여성에 대한 합리적 의심의 한계를 넘은 표현으로, 정치적 혐오가 깔린 노회한 책임전가였다. 하나의 조어로 젠더폭력의 가해자와 피해자를 바꿔치기 하려는 발상은 권력의 개소리가 얼마나 유해한지를 잘 보여 준다.

3) 아시타비

아시타비는 '내로남불'을 사자성어로 만든 것으로 아전인수, 견강부회, 자화자찬, 안하무인, 마이동풍, 방약무인, 자아도취, 뉴아녹존, 독불장군 등과 부분직으로 싱통한다. 아시타비는 자신은 명언으로 생각하지만 남들은 망언으로 여길 만한 개소리를 가리키는 데 적절하다.

"만일 국민 여러분이 헌법 개정안에 찬성치 않는다면 나는 이것을 남북 대화를 원치 않는다는 국민의 의사 표시로 받아들이고 조국 통

일에 대한 새로운 방안을 모색할 것임을 아울러 밝혀두는 바입니다."(10.17선언)

국민들이 독재체제를 연장하려는 헌법 개정안을 찬성하지 않는 것을 남북대화를 원하지 않는 의사표시로 단정하는 것은 논리적 비약을 넘어 황당한 궤변이다. 독재자 1인의 생각은 옳고 수천만 명의 국민의 생각은 틀렸다는 발상은 절대권력의 아시타비가 절정에 달했다는 것을 보여준다.

"나라의 급속한 발전과 국민의식의 성숙한 변화가 이루어진 오늘에 와서 이미 지나가 버린 제도를 다시 들고 나오는 것은 역사의 시계바늘을 거꾸로 돌리려는 것이나 다름없습니다. 외국의 예를 보더라도 이 지구상에서 170여 개국 가운데 약 40개국이 넘는 개발도상국들이 대통령직선제를 채택하고 있지만 평화적 정부교체가 제대로 실천되고 있는 나라는 거의 없는 것이 엄연한 현실입니다."(4.13선언)

대통령직선제를 평화적 정권교체가 불가능한 제도처럼 묘사한 것은 그 후에 낭설로 드러난 아시타비였다. 성공한 쿠데타는 처벌할 수 없다는 논리도 국헌문란과 반민주적 죄행에 대한 역사적 심판을 수포로 돌아가게 하려는 아시타비였다. 수십 년 동안 독재자의 주구라는 비난을 받았던 검사들이 민주화 이후에도 과거의 잘못을 뉘우치지 않고 철지난 법이론을 내세워 국민을 가르치려고 한 것은 고대 중국의 '嚆嚆'과 똑 닮았다. 진실과 차이가 나도 허위사실 공표로 볼 수 없다는 논리는 사회적

통념과 대중의 법감정을 뛰어넘을 만한 획기적인 사건이 부재한 상태에서 전원합의체 내부의 강력한 이견(5인)을 묵살한 아시타비였다. '차이가 나도'란 말은 얼마나 부드러운 기만인가?

'광수'는 남파간첩이나 무장공비처럼 대중의 입을 타기 어려운 단어를 피해서 보다 연성화된 표현으로 대중적 파급력을 높이겠다는 아시타비에서 생긴 말이다. '피해호소인'도 사적 대화에서 속삭인 것이 아니라 공론의 장에 유포된 아시타비였다.

피해자라는 말은 범죄·사고·질병에 의한 피해자, 희생자, 환자, (후유)장애자, 젠더폭력의 생존자에 이르기까지 보호를 받아야 하는 사람들의 최후보루와도 같은 이름표다.

4) 허장성세

> 호언장담과 호가호위는 용두사미로 끝난다. 우리는 정치적 기만의 효력이 약화되고, 그 망신살은 박제돼 인터넷에 떠돌며 아무 때나 소환되는 시대를 살고 있다. 허장성세는 개소리의 종착역이다.

"나는 이번 비상조치의 불가피성을 다시금 강조하면서, 오늘의 성급한 시비나 비방보다는 오히려 민족의 유구한 장래를 염두에 두고 내일의 냉엄한 비판을 바라는 바입니다. 나 개인은 조국통일과 민족중흥의 제단 위에 이미 모든 것을 바친 지 오래입니다. 나는 지금 이 특별선언을 발표하면서, 오직 민주 제도의 건전한 발전과 조국 통일의 영광된 그날만을 기원하고 있으며, 나의 이 기원이 곧 우리 국민 모두의 기원일 것으로 믿고 있습니다."(10.17선언)

독재자가 스스로 조국통일과 민족중흥의 제단에 모든 것을 바쳤다고 자부하면서 자신의 기원이 곧 국민 모두의 기원일 것이라고 강변한 것은 자신의 통제력에 대한 과신과 환상에서 비롯된 '허장성세'였다. 이러한 자아도취가 영원할 수는 없었다. 7년 후 10월에 유신체제는 안가에서 붕괴했다.

"모두 잘 아시다시피 현행헌법은 1인 장기집권의 악순환을 단절하고 민주주의를 정착시켜야 한다는 시대적 요청에 따라 헌정사상 처음으로 단임이라는 제도를 도입함으로써 지금까지의 그 어떤 헌법보다도 완벽하게 평화적 정권교체를 보장하고 있습니다. (…) 부질없는 개헌 타령에만 골몰하여 불법과 폭력으로 사회혼란을 조성하고 국민생활을 불안하게 하는 일이 있다면 본인은 국민생활의 안전과 사회질서의 유지를 위해서 헌법이 대통령에게 부여하고 있는 모든 권한에 따라 단호하게 대처할 것임을 밝혀두는 바입니다."(4.13선언)

'체육관선거'로 후계자를 선출하는 독재헌법을 수호하는 것이 민주주의의 획기적 이정표라고 주장하면서 이른바 '부질없는 개헌타령'에 대해 모든 권한을 동원해 단호히 대처하겠다는 것은 집단적 자기기만과 자아도취에서 비롯된 대국민 공갈협박이었다. 독재자의 호헌조치는 석 달을 버티지 못하고 파기됨으로써 스스로 허장성세를 입증했다.

무너진 독재권력에 대한 역사적 심판이 시작되는 국면에서 헌법제정 권력자로서의 국민에게서 제한된 위임을 받은 몇 명의 검사들이 '성공한 쿠데타 처벌 불가론'을 제기한 것은 수탁자로서 공직자의 성실의무를 저버린 호가호위였다. 그들의 무모한 허장성세는 5.18특별법 제정으로 단명에 그쳤다.

"진실과 차이가 나도 허위사실 공표로 볼 수 없다."는 말은 "모든 동물은 평등하다. 그러나 어떤 동물은 더 평등하다."는 말과 같은 허장성세다. '광수'는 남북의 대치상황 속에서 국가안보에 대한 염려라는 탈을 쓰고 장기간 생명력을 유지한 일종의 흑색선전이었다. 이 개소리는 40여 년을 연명했지만 피해자들의 줄기찬 항변과 여러 객관적 자료 및 증언 등에 의해 반박됨으로써 용두사미로 끝났다. '피해호소인'이라고 주장하던 ○○당 인사들은 1년도 되지 않아 사과하거나 자신의 의사를 번복했다. '피해호소인'은 외곽을 때리는 노회한 조어였지만 짧은 기간에 허장성세의 본색을 드러냈다.

'지지율이 인격'이라는 선거에서 실제보다 더 낮게, 너그세 보이려는 것은 인지상정이지만 적잖은 경우에 허장성세와 호가호위의 문제를 드러낸다. 국정원 댓글사건이나 이른바 '드루킹사건'은 허장성세의 기만성이 어떤 결말을 초래하는지 잘 보여 줬다. 허장성세의 진정한 위험은 단순히 과장이나 허풍에 그치지 않고 정치적 목적을 위해 수단방법을 가

개소리란 무엇인가

리지 않는 행태를 정당화하는 비윤리적 태도를 강화한다는 점이다. 이런 맥락에서 불공정한 선거를 초래하는 허장성세는 권력의 정통성을 원천적으로 저해하고, 민주주의의 '교정 가능성'을 마비시킨다는 점에서 중대하게 유해하다.

결론적으로 권력의 개소리는 일회적인 실언으로 간주할 수 없는 습관성 기만의 언어적 표현이고, 대중의 생각을 조종할 수 있다는 흑기가 연성화된 암수다.

구라 뻥(pants on fire)의 진짜 목적

정치인이 쉽게 드러날 거짓말을 하는 것은 다른 이유가 있다. 롬니(W. Mitt Romney) 미 공화당후보의 거짓말에 대한 스탠리(Jason Stanley)의 분석은 정치적 거짓말과 bullshit(개소리)의 차이가 모호하다는 것을 보여 준다.[20] 거짓말이 들통날 위험을 피하기 위해 개소리를 하지만, 둘 사이의 차이는 애매하다는 것이다.

2012년 미국 대통령선거 당시 롬니의 선거광고에는 오바마케어에 대한 비난이 들어가 있었는데, 터무니없는 거짓 정보여서 누구나 인터넷에서 쉽게 확인할 수 있었다. 스탠리는 이런 거짓말은 말 그대로 기만하려는 목적이 아니라 후보 자신의 어떤 이미지를 강화하려는 의도로 보았다. 즉 롬니 캠프는 백인 노동자들의 메디케어 및 복지 예산에 관한 부정적 시각에 영합하려고 허위로 드러날 것을 알면서도 거짓 광고를 한 것이다. 롬니의 진짜 목적은 자신이 백인 노동자들이 표를 주기 원하는 성향의 후보란 점을 각인시키려는 것이었다.

또한 여러 연구자들은 미국의 복지문제가 인종문제와 결부돼 불거질 때 백인 노동자들의 투표동기가 강화되는 경향과 백인들은 흑인의 경제적 수준이나 근로의욕에 대해 실제보다 부정적인 정보에 노출된다고 강조했다.

더 극단적 사례는 트럼프의 경우를 들 수 있다. 트럼프 전 대통령의 거짓말과 부정직은 통계적으로 대기록을 남겼다. 2018년 11월 워싱턴포스트는 트럼프의 거짓말과 오도가 6천 건이 넘는다고 보도했고, 같은 해에 미국의 팩트체킹 웹사이트 폴리티팩트(Politifact)는 트럼프의 주장 중에서 '거의 허위', '허위', '구라 뻥(Pants on Fire)'이 69%에 달하는 것으로 집계했다.

거짓말은 자신이 거짓이라고 생각하는 것을 상대로 하여금 믿게 만드는 것인데, 트럼프의 뻔한 거짓말들은 단박에 허위라는 것을 알 수 있었기 때문에 많은 사람이 그의 주장을 무시했다. 이를테면 취임식에 최다 인파가 운집했다는 주장이나 한국에 관한 여러 낭설은 또 구라를 치고 있다는 것을 누구나 쉽게 알 수 있었다. 심지어 그는 김정은 친서를 열어보지 않았다고 했다가 "아주 좋았다."는 모순된 이야기를 하거나, 자신이 누구보다 여성을 존중한다는 우스꽝스러운 이야기도 했다. 이런 말

개소리란 무엇인가

들은 단순한 거짓말이 아니라 '권력의 개소리'다.

롬니와 트럼프의 사례에서 볼 수 있듯이 정치적 기만은 개소리로 나타나는 경우가 많다. 정치적 개소리에 대해서 추종자들과 핵심 지지층은 '진실해 보이는 것'으로 받아들이고 믿어 주는 경향이 있다. 자신이 지지하는 정치인이 거짓말을 해야 할 동기가 없다고 생각할수록 이런 확증편향이 강하게 나타난다. 그들에게는 자신이 지지하는 정치인이 거짓말해야 할 이유가 없다고 생각하는 자신의 믿음이 중요하고, 거짓말 여부는 중요하지 않다. 그렇다고 해서 정치인이 이런 맹목과 맹종을 항상 기대하는 것은 아니다. 지지자들이 약간 미심쩍게 여겨도 자신과 정당에 유리한 여론형성에 도움이 된다면, 정치인들은 마치 순교자인 양 정치적 불이익을 감수하고 회심의 개소리를 발화한다.

엘터먼(Eric Alterman)은 역대 미국 대통령의 기만을 체계적으로 정리하면서 루스벨트, 케네디, 존슨, 레이건의 기만적 국정운영이 재임기보다 그 이후에 더 큰 악영향을 주었다고 분석했다. 기만적 국정운영은 일시적 효과가 아니라 후임자들에 영향을 미쳐 장기적이고 지속적으로 국가와 국민의 이익에 반하는 결과를 초래한다는 것이다. 이러한 관점에 기대어 보면 '도덕적으로 문제가 되더라도 국익에 도움이 되면 그만이다.'고 실용적인 척하는 개소리가 진짜로 실용적인 생각들을 대체하는 것이 개소리의 위력이다.

'뭔가 그럴싸해 보이는' 개소리가 위세를 떨치는 사회일수록 결정권자들의 정치적 기만에 대한 비판을 국익과 민주주의의 관점에서 비롯된 실용적 문제제기로 받아들이지 않고, 그런 사회일수록 협치가 이뤄지지 않고 적대의 정치가 판친다.

조정의 개소리 : 上不端表

블랙(Black)은 버틀러(Samuel Butler), 체홉, 오웰 등을 'anti-humbugger'의 표본적 인물로 꼽았는데, 우리의 역사에서 '안티 개소리'의 표본적 인물이라면 다산을 들 수 있다.

정약용은 나라에 도적떼가 생기는 이유를 상불단표(上不端表), 중불봉령(中不奉令), 하불외법(下不畏法)이라고 했다.[21] 단표는 반듯한 행실을 말하지만, 여기서는 조정과 관아에서 나오는 말과 글에 그치지 않고 통치와 경세의 궁극적 목적에 관한 것으로 풀이하는 것이 적절하다. 조정에서 단표가 이뤄지지 않았다는 것은 정치적 행실이 형편없는 세력과 그들의 개소리가 득세했다는 뜻이다.

사대부의 위선을 풍자했던 허균은 조정에서 도리어 개로 풍자되었다

조선 왕조에서 '실패한 조정'의 대표적 사례는 충무공 이순신에게 내려진 이상한 명령들과 징벌들이었다. 먼 후대의 작가들은 조정의 개소리를 이렇게 지탄했다.

"(…) 당장 출격하여 가토의 목을 가져오라는 어명이 떨어졌지만 이순신은 움직이지 않았다. 그것은 한 마디로 개소리에 지나지 않았다. (…) 오직 적의 생각대로 움직이는 자들의 입에서 나오는 것은 개소리일 수밖에 없었다. 이순신이 개소리를 무시하는 것은 지극히 당연한 일이었다. 그런데 문제는 개소리를 짖어대는 자들의 두목이 바로 조선의 왕이라는 것이었다. (…)"[22]

조정이 충무공에게 면사첩(免死帖)을 주고 닦달을 한 것이나, 노비들에게 면천(免賤)을 약속하여 전쟁터로 내몰고 시치미를 뗀 것은 중세 유럽의 면죄부와 같이 개소리의 기만성을 보여준다.

또한 조선이 선조~인조의 연대에 임진왜란, 정유재란, 정묘호란, 병자호란의 전란을 겪은 내적 원인은 왕조실록에 "성품이 포악하고 행동이 방탕하여 사람들에게 손가락질과 탄핵을 받았다."고 기록된 정원군을 사후에 국왕으로 추존한 왕실과 조정의 도덕적 해이와 무관하지 않다. 삼전도의 국치를 겪고 나서도 예송(禮訟)과 같은 조정의 '뒤틀린 예(禮)'는 왕조의 쇠락을 재촉했다는 비판을 초래했다.[23]

13 이문열,《우리들의 일그러진 영웅》(민음사, 2005). 작가후기.

14 Dan Ariely(2012). The Honest Truth about Dishonesty : How We Lie to Everyone-Especially Ourselves. p. 134 참조.

15 Holloway, David(1996). Stalin and the Bomb : The Sovet Union and Atomic Energy 1939~1956, Yale University Press.

16 프랑크 디쾨터, 최파일 역,《마오의 대기근 : 중국 참극의 역사 1958~1962》(열린책들, 2017). pp. 157~159.

17 디쾨터, 위의 책. p. 149.

18 풍간(諷諫)은 오간(五諫)의 하나다. 고대부터 유래하는 오간은 곧이곧대로 간언하는 정간(正諫)·직간(直諫), 다소 부드럽지만 우직하게 간언하는 장간(戇諫), 자기를 낮추어 겸손하게 간언하는 강간(降諫), 고사나 시구를 인용해 은근하게 간언하는 휼간(譎諫), 우화적인 이야기 등으로 해학을 담아 간언하는 풍간(諷諫)을 말한다. 또한 간쟁을 풍간(諷諫), 비위를 맞추어 온순하게 간언하는 순간(順諫), 직간(直諫), 시비를 따져 간언하는 쟁간(爭諫), 목숨을 걸고 위태롭게 간언하는 함간(陷諫) 등으로 구분하기도 했다. 폭군이나 독재자에 대한 풍자는 풍간이 아니라 함간의 결기로 가능했다.《정관정요》에는 사리에 밝은 신하가 규범적인 충언을 하는 규간(規諫)의 중요성을 강조한 대목들이 나온다. 특히 위징(魏徵)은 군주와 함께 망하거나 비애를 겪는 충신이 아니라 현군과 더불어 천수를 다하는 양신(良臣)이 되길 원한다고 극간(極諫)했다. 당태종은 이런 그를 간의대부로 삼았다는 셈에서 낙간자(樂諫者)이지 용간자(用諫者)였다. 그러나 역사에서는 간언을 묵살하는 기간자(棄諫者)와 간언하는 자를 유배시키거나 아예 제거하는 살간자(殺諫者)가 적지 않았다.

19 심영의, 〈역사적 진실과 자기기만 사이의 글쓰기 : 전두환 회고록의 경우〉, 문화와 융합(제42권 12호, 2020) 참조.

20 Stanley, Jason(2012). "Speech, Lies and Apathy". The Stone(forum blog). 참조.

21 이을호, 《목민심서》(한국학술정보, 2015). 참조.

22 한겨레신문, "그대들, 이순신을 얼마나 알고 있는가?", 2006. 7. 24.

23 1차 예송에서 효종은 대비(계모)의 둘째 아들(가통)이면서 인조의 계승자(왕통)라는 이중성으로 인해 상복 기간에 미묘한 혼란을 남겼지만, 서인이 주창한 '기년복(朞年服)'이 관철돼 대비는 1년 상복으로 마쳤다. 당시에 남인은 3년 상복을 주장했다. 그러나 송시열은 기년복의 근거를 강조하려고 사종지설(四種之說)을 인용하여 효종이 장자가 아니었던 점과 소현세자의 세 아들을 환기시킴으로써 정통성 논란을 초래했고, 현종과 숙종의 연대에 서인은 몰락하게 되었다. 장세호(2002), "송시열의 예송관", 경성대 인문과학논총. 이봉규(1995), "예송의 철학적 분석에 대한 재검토", 성균관대 대동문화연구원 Vol. 31 등 참조.

Ⅲ.
개소리의 기만성

"현대 사회는 정신질환적 특성들을 용인하고 독려하는 것을 넘어
가치를 부여하는 방향으로 가고 있다."
- 헤어(Robert D. Hare) -

5.

기만으로서 개소리

성서에는 "네가 사는 곳이 속이는 일 가운데 있다."는 계시를 예레미아가 전하는 대목이 나온다. 이 말은 신이 인간 사회를 야유한 것이다. 몰라서 속고, 알아도 속는 세상에 대한 풍자와 달관을 담은 시, 노래, 그림은 수천 년 동안 끊임없이 지속되었다. "냉정한 세상. 허무한 세상. 알고도 속고 모르고도 속는 세상. 팔자라거니 생각을 하고. 가엾은 엄니 원망일랑 말어라."(나훈아의 〈건배〉 중에서)

거짓(말)의 양면성

인간과 함께 진화한 거짓말은 동식물의 보호색이나 위장과 같이 양면성이 있다. 약소한 동물들의 보호색은 생존과 번식에 절대적으로 중요하고, 이런 속임수는 자신에게 이롭지만 남에게 피해를 주는 경우가 많지 않다. 반면에 뻐꾸기의 탁란은 다른 동물에 직접적인 피해를 줄 수 있다.

전통적으로 의료현장에서는 환자의 과도한 공포심을 덜어 주고 재활의 희망을 주려는 목적에서 가벼운 거짓말들이 용인되었다. 교육현장에서도 아이들에게 교육적 목적으로 거짓말을 하곤 했다. 유치원이나 초등학교의 교사들은 아이들이 거짓말을 못하도록 가르치기 위해 거짓말을 해야 하는 경우도 있다.

사람들은 하루에 서너 번 이상 거짓말을 한다고 하는데, 연평균 천 번 이상 거짓말을 하는 셈이다. 세계 인구와 평균수명을 고려하면, "네가 사는 곳이 속이는 일 가운데 있다."는 말은 너무 사실적이어서 진부하다. 이 말은 우리에게 별로 그럴싸하지 않지만, 그 속에는 자신을 곧잘 속이는 우리의 은밀한 능력에 대한 신의 풍자가 담겨 있다.

거짓과 정직은 상황과 맥락에 따라 평소와는 전혀 다른 의미를 가질 수 있다. 거짓에 대한 힐난으로 점철된 성서[24]에서도 어떤 거짓에 대해서는 질책하지 않는다. 아브라함이 그랄왕 아비멜렉에게 자신의 아내를 누이라고 기만한 것이나(창세기 20장 2절), 야곱이 변장해서 자신을 장남이라고 아버지를 속인 것이나(창세기 27장 32절), 다윗이 대제사장에게 사울 왕의 밀명을 받아 잠입했다고 거짓말을 한 것(사무엘전서 21장 2절)은 그럴 만한 사정이 있는 불가피한 거짓으로 양해된다. 나아가서 사도 바울은 "나의 거짓말로 하나님의 참되심이 더 풍성하여 그의 영광이 되었다면 어찌 내가 죄인처럼 심판을 받으리요."라고 반문했다. (로마서 3장 4절~7절)

기만의 경이로운 변이들

아리스토파네스의 〈Women Assembly〉에 나오는 한 단어는 183자에 달해서 기네스북에 올라 있다. 캐롤의 '재버워키(Jabberwocky)'가 이상한 조어들로 이뤄진 넌센스 개소리라고 한다면, 조이스의 '피네건의 경야(Finnegan's Wake)'에 나오는 추락이란 뜻의 조어는 100자가 넘는 난수표 같은 개소리다. 이러한 기만적 단어들을 진지하게 탐구하여 깊은 의미를 찾아내는 것은 후대 전공자들의 몫이다.

우리가 남을 속이려는 목적이라면 사실과 허위를 잘 버무려서 기만의 언어들을 교묘하게 직조해야 하는데, 그 성공의 가능성을 높이려면 논리에서 어투와 표정까지 세심한 관리가 필요하다. 타인을 기만하려는 사람은 자신의 위험부담과 인지부하를 최소화하려는 내적 요구로 인해서 노골적인 거짓말보다 모호한 개소리를 더 선호한다.

기만과 관련된 말은 허위, 가짜(fake)를 비롯해서 공자가 미워하고 맹자는 '덕의 적'으로 규정한 사이비(pseudo), 그리고 속임수, 담합, 협잡, 짬짜미, 야바위, 사기, 사칭, 변조, 위선 및 위악, 가식, 가장, 날조 및 조작, 도핑, 네다바이(netabai), 디코이(decoy) 등등… 이루 헤아릴 수 없다. 과학적 통계 및 데이터의 변조는 연구 진실성이나 연구자의 양심에 관한 문제를 넘어 가습기살균제사건처럼 사회에 중대한 위험을 초래한다.

Lopadotemachoselachogaleokranioleipsanodrimhypotri
mmatosilphiokarabomelitokatakechymenokichlepikossy
phophattoperisteralektryonoptekephalliokigklopeleiolago
iosiraiobaphetraganopterygon(아리스토파네스)

Bababadalgharaghtakamminarronnkonnbronntonnerron
ntuonnthunntrovarrhounawnskawntoohoohoordenenthur
nuk(제임스 조이스)

스포츠에서의 도핑은 단순한 부주의에서 치밀한 반칙까지 다양한 사례가 있다. 메이저리그의 홈런왕이었던 맥과이어(Mark McGwire)도 약물복용 논란이 불거지자 사과했지만, 자신의 타격성적은 약물과 무관했다고 주장했다. 약물이 그에게 어떤 영향을 미쳤는지 객관적으로 알 수 없는 조건에서 그의 해명은 사후적인(ex-post) 자기기만이라는 의심을 초래할 수 있다.

법률적 용어, 경제적 용어에서 기만을 내포하는 경우는 매우 다양하다. 부정입학, 성적조작, 시험부정, 공·사문서 위조, 승부조작, 추첨조작, 주가조작, 투표조작, 여론조작, 위조화폐 등이 모두 기만의 범주에 속한다. 또한 학계와 문화예술계의 위작, 모작, 모조(짝퉁), 표절, (자기)복제, 대리시험 및 출석, 대리논문 및 대필과 대작도 기만의 구체적 사례들이다. 대형사고의 진상규명에서는 기록물, 영상, 음성의 폐기·삭제·누락이 늘 문제가 된다. 또한 과학기술의 발전에 따라 기만은 해킹, 컴퓨터 바이러스, 보이스피싱·스미싱, 딥 페이크 등으로 진화하고 있다. 가상기술이 발전할수록 진짜와 가짜의 차이가 모호해지고 그럴싸한 것이 각광을 받게 된다.

일상의 개소리

2013년 3월 삼성일반노조는 '이건희 경영복귀 3년과 국민에게 사랑받는 기업, 개소리!'라는 제목으로 성명을 발표했다. 김용옥 명예교수는 언론 인터뷰에서 "제일 먼저 정신 차려야 할 곳이 기업이다. (…) 짓밟은 놈들 더 짓밟고 이념도 경직된 방향으로 더 나아가고 그러면 우린 더 굳건해진다? 개소리다." 2017년 6월 한 남성 작가의 소설을 두고 '여성의 무생물적 대상화'라는 비난이 제기됐는데, 이에 동조하는 댓글 중에는 해당 작품을 '한 편의 개소리'로 비유한 경우도 있었다. 2022년 대선 과정에서 노동계 여성 인사가 여성 후보를 만난 자리에서 "개소리들만 난무한다."고 일갈했다. 도대체 개소리란 무엇인가?

드라마와 영화에서 개소리란 단어를 쓰는 것은 부정의 강렬함을 드러내면서 오락적 작렬감을 주기 때문이다. 어떤 TV드라마에서는 여주인공이 오래전에 헤어진 남성에게 "개소리하지 마."라고 쏘아붙이는 장면이 나온다. 드라마에서 개소리라는 말이 튀어나오는 대목을 보면 개소리의 '개'를 개살구의 '개'처럼 단순히 쓸데없거나 실망스럽다는 뜻의 접두사로 보기 어렵다. 〈야인시대〉(2002)에서 김두환(김영철 분)이 "개소리 집어치워."라고 말하는 대목과 〈태왕사신기〉(2007)에서 흑개(장항선 분)가 "이게 뭔 개소리야."라고 외친 것은 뭔가 자신을 억누르는 힘을 가진 말에 대한 강한 부정을 표출한 것이었다.

영화 〈야차〉의 도입부에서 주인공의 일성은 '뭔 개소리야'라는 독백이었다. 영화 〈모가디슈(Escape from Mogadishu)〉에서는 조선(DPRK)의 소말리아주재 대사관 직원이 전향을 종용하는 한국 대사관 직원(국정원 파견)에게 "개소리 말라우!"라고 소리쳤다. 영화 〈오징어 게임(Squid Game)〉에서도 지구대 경찰관이 통화하는 장면에서 상대편이 "아침부터 개소리세요."라고 은근하게 야유한다. 줄다리기 게임에서는 상우가 끌려가는 척하다 힘껏 잡아당기자고 지시하자 미녀가 "미쳤어. 개소리하지 마."라고 외친다. 나중에 미녀의 말을 비꼬아 흉내 내는 파키스탄 이주노동자의 대사는 각 나라의 언어로 번역되어 색다른 감흥을 자아냈다. (https://youtu.be/9z-cVyGnTHg 참고)

일상에서 발화하는 개소리들은 무신경, 무례함, 무도함과 연관돼 있다. 예컨대 상당한 덩치와 사나운 이빨을 가진 개에게 끈과 입마개를 채우지 않고 거리를 활보하는 것은 타인에 대한 무신경이다. 이처럼 타인의 감정이나 안전에 대한 무신경, 무례함, 무도함은 일상에서 개소리가 발화하는 심리상태와 맞닿아 있다.

질병관리청 통계에 따르면 교상환자는 대부분 반려견에 물렸다. 그럼에도 "우리 개는 안 물어요."란 말은 뭔가 호의를 베푸는 듯해서 사람들을 난처하게 만든다. 물려봐야 그 말이 틀렸다는 것을 입증할 수 있기 때문이다. 이처럼 당장 확인이 어려운 부정확하거나 거짓된 사실을 그럴싸하게 말하는 것이 개소리다. 그렇다고 해서 "우리 개가 물더라도 심하게 아프거나 죽을 일은 없어요."라고 말한다면, 그야말로 개소리라는 조롱을 받을 수 있다.

일상에서 누군가 "개소리하지 마."라고 쏘아붙인다면, 그 이유는 상대에게서 무신경, 무례함, 무도함을 감지했기 때문이다. 무신경은 타인에 대한 무관심과 둔감이다. 무례함은 무신경을 넘어 타자에 대한 무시와

냉담이 노골화되는 단계를 말한다. 더 나아가 무도함은 상대에 대한 비하와 혐오, 심지어 적개심을 드러낸다.

무신경 : "보면서도 보지 못한다"

유적으로 발굴된 두개골은 산 자들에게 그럴싸한 모습이 아니다. 유골의 모양이 좀 더 그럴싸했다면 죽음에 대한 원초적 공포는 훨씬 덜했을 텐데 말이다. 죽음이 남긴 외양에 대한 원초적 거부감으로 인해서 유골을 바라보는 것만으로도 왠지 불길하다고 여기는 경우가 많다. 이처럼 사람들은 사실 자체보다 그럴싸한 것을 더 선호하는 경향이 있다.

두골과 탈

"현재 위치에서 절대 이동하지 마시고…"

세월호참사 당시 선내의 스피커에서는 "다시 한번 안내 말씀드립니다. 현재 위치에서 절대 이동하지 마시고…"라는 안내방송이 열세 번이나 반복되었다고 한다. 학생들은 여객선의 직원들이 대처방법을 더 잘알고 있을 것으로 믿고 자리를 지키고 있었다. 당시 객실에서 구명조끼를 입고 대기하던 단원고 2학년 여학생이 찍은 휴대폰 동영상에는 갑자기 개소리라는 말이 등장한다. 옆에 앉은 급우가 "엄마 미안해, 아빠도 미안하고…"라고 울먹이자 동영상을 찍던 학생이 "살 건데 뭔 개소리야!"라고 꾸짖듯 말한다. 하지만 살아서 만나자던 아이들의 약속과 그들의 생환을 빌던 어른들의 바람은 이뤄지지 못했다.

이용객의 안전과 관련된 전문분야일수록 평소에 작은 일들이 순조롭게 풀려 나가는 데 익숙해지면 자신감과 자부심이 커져서 비상한 순간에 안이한 낙관에 집착하는 자기기만에 빠질 수 있다.

2003년 1월 대구지하철화재사고에서 승무원이 마스터키를 빼서 전원을 꺼 버린 행위나 2014년 4월 세월호침몰사고에서 절대 이동금지를 안내한 것은 윗선의 명시적인 지령 혹은 암묵적 동의에 따른 것이었다. 현장근무자 7명과 신원미상 6명을 포함한 198명이 희생된 대구지하철화재사고는 정차 중이었던 1079호의 방화사건이 발단이 되었지만, 인명피해는 후속차량(1080호)에서 발생했다. 오전 9시 53분 1079호 방화, 9시 56분 1080호 역사 진입, 9시 58분 1080호 화재확산에 이르기까지 불과 5

분밖에 걸리지 않았다. 또한 10시 10분 1080호 승무원이 마스터키를 빼서 나가는 바람에 전원이 꺼지고 문이 열리지 않게 되자 객실에 고립된 승객들은 무방비로 화염에 노출됐다.

종합상황실에서 후속 열차의 역내 진입을 차단하거나, 진입 이후 마스터키를 뽑아서 나오라고 지시하지 않았다면 어떻게 되었을까?

미국의 역대 비행기사고들에서도 유사한 문제점들이 나타났다. 1978년 유나이티드항공 173편 여객기는 목적지에 착륙하려다 실패했는데, 조종사들은 부품이상으로 연료가 과다소모되는 것을 간과하다 엔진이 멈추고 나서야 계기판의 오작동을 인지했다.

1982년 1월 워싱턴 국제공항에서 이륙한 에어플로리다 90편이 얼마 못 가서 포토맥강에 추락하는 사고가 발생했다. 미 항공 당국은 사고원인으로 겨울철 비행에 익숙하지 않았던 기장의 부주의, 결빙의 위험성에 대한 낮은 이해와 미흡한 조치들, 결빙방지 스위치에 대한 부주의, 역추력의 부작용, 계기판의 오차 등을 망라했다.

그러나 트리버스(Trivers)와 뉴튼(Newton)은 조종실 녹취록을 분석해서 주조종사의 '자기기만과 사실회피'가 추락사고의 주원인이라고 밝혔다.[25]

이들의 분석에 따르면, 비행준비단계에서 악천후와 결빙을 우려했던 부조종사가 이륙순간이 다가올수록 현저하게 말수가 줄어들었다. 기장은 통상적인 조건이라는 뉘앙스로 기술적 용어들을 반복하면서 이륙을 강행했다. 비행기는 어렵사리 이륙했지만 작동을 멈추고 추락했다. 두 학자는 부조종사가 기장의 판단에 이의를 제기했던 순간을 '자기를 기만하는 자와 사실을 좇는 자의 양분화(the dichotomy between self-deceiver and reality-seeker)'라고 지칭했다.

뉴욕타임스(1982)

지질학자 워터스(Aaron Waters)는 트리버스에게 회신한 검토의견에서 부조종사도 자기기만의 책임이 있다는 견해를 밝히면서, 등반가로서 산악구조 활동에서 발견한 몇 가지 공통점을 소개했다. 그가 보기에 소난사고에는 일행을 어려움에 빠지게 하는 과시적인 사람이나 들뜬 목소리로 무신경하게 농담하면서 잘난 척하는 리더가 있었다. 또한 그는 산행을 주도하는 사람이 초심자의 염려를 의식하지 못하거나 무시하는 경향이 있다고 강조했다.

워터스의 경험담에 비추어 보면, 에어플로리다 사고에서 부조종사는 겁쟁이로 보이지 않기 위해 자신의 정당한 의구심을 억눌렀을 것이다.

주조종사는 자신의 비행기록 중에서 동계비행이 매우 적었음에도 불구하고 총비행시간과 무사고 비행시간에 대한 자부심으로 부조종사의 두려움을 기우로 여겼을 것이다. 동계 비행시간의 객관적 기록이 총비행시간에 대한 주관적 자부심 앞에 무릎을 꿇은 셈이다.

이와 별개로 부조종사는 사전에 계기측정의 오류 가능성 등을 충분히 점검하지 못했고, 긴박한 상황에서 이륙취소와 같은 비상한 결정을 분명하게 제안하지 못했다. 워터스가 부조종사도 자기기만의 책임이 있다고 본 까닭이다.

트리버스는 이 사건 외에도 탑승객 154명 전원이 사망한 보잉737 아마존 추락사고, 75명 전원이 사망한 에어플로트 593편 추락사고, 챌린저호와 컬럼비아호의 폭발사고도 자기기만의 문제가 작용했다고 보았다.[26]

실제 상황에서는 자기기만과 착각 혹은 어림짐작의 경계가 분명하지 않다. 예컨대 민간인 오인사격 및 오폭을 기술적 문제로 인한 부정확성, 혹은 착각에 의한 우발적 사고로 간주하는 경향이 있지만, 어느 정도 미연에 방지할 수 있는 경우에도 무신경과 어림짐작으로 치명적 결과를 초래한 사례가 많다.

제2차세계대전 당시 카르타고 작전(Operation Carthage)의 오폭은 나치의 점령지역에 대한 폭격이라는 작전목표에 당연히 포함해야 할 민간인 오폭에 대한 주의를 기울이지 못한 조종사들의 어림짐작이 초래한 것이었다.

자기기만과 어림짐작(heuristics)의 모호한 경계

덴마크 코펜하겐에 자리 잡은 나치 게쉬타포의 건물을 폭격하라는 레지스탕스의 요청에 따라 영국 공군은 1945년 3월 21일에 폭격을 실행했지만, 선두의 경폭격기가 저공비행 과정에서 하필이면 폭격 목표에서 멀지 않은 구조물과 충돌했다. 그런데 추락 지점에서 가까운 곳에 프랑스 수녀회가 운영하는 초등학교가 있었고, 뒤를 따라오던 공군기의 조종사들은 화염이 치솟은 지점을 목표물의 일부로 여겨 근처에서 가장 크고 높은 성당을 폭격해서 어린이 80여 명과 수녀 및 교사 20여 명이 사망했다.

카너먼(D. Kahneman)과 트버스키(A. Tversky)는 대중의 막연한 생각, 즉 어림짐작과 인시편향이 체계적 오류를 초래한다는 것을 실증적으로 입증하려고 했다.[27] 이들의 실험에서 참가자들은 기저율이나 표본 크기와 같은 객관적 근거를 과소평가하는 경향을 드러냈는데, 이는 정치적 사안에 대한 대중의 어림짐작이 무지나 착각보다 편향이나 집착에 의한 인식론적 결함에서 비롯된다는 것을 시사한다.

참가자들은 확률을 따질 때 기저율, 즉 사전확률을 고려하지 않고 지엽적인 설명에 현혹되는 경향이 있었다. 참가자들은 표본수가 매우 적음에도 불구하고 그 결과의 대표성을 과신했다. 표본이 클수록 참값(평균값)에 가까워질 가능성이 커지지만, 참가자들은 이런 점을 거의 고려하지 않았다.

　참가자들이 타당성 착각, 회상이나 상상의 가용성에 의한 인지편향, 상관관계에 대한 착오를 드러낸 이유는 자신의 경험 및 학습과 연관돼 있지만, 근본적으로는 더 깊이 따져 보는 과정에서 요구되는 인지부하를 경감하고 가능한 쉽게 판단하려는 뇌의 진화적 행동의 소산이기도 하다. 그러나 진리값을 갖지 못한 어림짐작으로 진위를 성급하게 판단하는 경향은 정치적 개소리의 범람과 연관성이 깊다.

　우리는 신중하게 생각해야 한다는 내적 요구와 빨리 판단해야 하는 외적 압박으로 인해 정신적 피곤을 겪는다. 이러한 부조화를 회피하는 과정에서 자신의 책임을 모호하게 하면서 타자를 부드럽게 기만할 수 있는 개소리를 발화하게 된다.

6.

개소리의 심천(心泉)

"가장 우선적인 원칙은 여러분 스스로를 기만하지 말아야 한다는 것
입니다. 여러분은 (여러분이) 기만하기에 가장 쉬운 사람입니다."
- 리차드 파인만, 1974년 캘리포니아 공대(Cal Tech) 졸업식에서 -

고대 그리스의 데모스테네스는 "우리가 원하는 것, 우리가 믿으려고
하는 것을 위하여 자신을 속이는 것처럼 쉬운 일은 없다."고 일갈했다.
진화생물학자인 트리버스와 뉴튼은 에어 플로리다 90편 추락사고에 대
한 분석의 서두에 "자기기만의 이점은 타인에 대한 보다 부드러운 기만
이다."고 써 놓았다.

《갈매기의 꿈》의 작가인 바크(Bach)는 "가장 나쁜 거짓말은 스스로에
게 하는 거짓말."이라고 했다. 하지만 진화론적 관점에서 보면 자기기만
은 불가피하고 유익했던 측면들이 있다. 영문도 모르고 지구에 태어난
인간들에게 망각과 자기기만이 없었다면 아마도 신경쇠약과 정신불안

으로 진작에 멸종됐을지 모른다. 만약 인간이 고통스런 감각과 불행했던 일을 낱낱이 기억한다면 제정신으로 살아남을 사람이 많지 않다. 인간의 뇌는 기억을 할인하는 기능을 스스로 발달시키면서 망각의 이점을 진화시켜 왔다. 자신에게 더 이상 정직할 수 없는 상황에서 자기기만이나 타인에 대한 무신경은 생존과 진화의 숨은 공로자들일지 모른다.

자기기만의 양면성

인간의 감각기관은 바깥 세계를 경이로울 정도로 세밀하고 정확하게 분간하도록 발달했지만, 이렇게 뛰어난 감각계를 통해서 들어온 정보들이 뇌에 도달하면 왜곡되거나 편향된다. 이러한 반전이 가능한 여러 이유의 하나가 자기기만이다.

의사출신 선교사였던 리빙스턴(David Livingstone)은 사자의 습격을 당한 적이 있는데, 당시에 어떤 공포나 고통이 아니라 무심한 상태에 이르는 이상한 경험을 클로로폼으로 마취된 환자에 비유했다.[28] 그는 의료진의 움직임을 느끼면서도 수술용 나이프에 의한 통증을 느끼지 못하는 환자처럼 사자의 동작을 무감각하게 받아들였다고 하는데, 사자의 위험에 대한 두려움과 실제로 자신에게 닥친 불행의 커다란 부조화로 인해 일시적 망각에 빠졌던 것처럼 보인다.

인간은 진화할수록 더욱 세밀하고 빠르게 상대의 얼굴을 분간하고 표정을 읽는 능력을 발전시켰고, 어리숙한 기만들을 빠르게 간파할 수 있었다. 이에 따라 타자를 기만하는 데서 거짓과 진실의 모호한 경계에 있는 표정과 언어가 중요해졌다.

와일드의 《도리언 그레이의 초상》

영화 〈유주얼 서스펙트(The Usual Suspect)〉(1995)의 마지막 장면은 세계의 관람객들에게 깊은 인상을 남겼다. 주인공(케빈 스페이시 분)은 자신이 용의자(카이저 소제)가 아니라 한쪽 발이 심하게 불편한 장애인(킨트)이라고 주변의 모든 사람들을 기만하는데 성공했는데, 아마도 자신부터 그렇게 기만했기 때문에 너욱 철저하게 타자를 기만할 수 있었을 것이다.

BTS의 〈페이크 러브(Fake Love)〉(2018)는 자기기만이 가장 번성하는 관계가 연인 사이라는 속설을 풍자적으로 노래했다.

"슬퍼도 기쁜 척할 수가 있고, 아파도 강한 척할 수가 있다. 내 모든 약점들은 다 숨겨지길 바라면서. 널 위해 예쁜 거짓을 빚어내."

Fake Eon : Fake Love? Fake Pandemic… Fake Faith, Fake Apology, Fake Courage, Fake Mercy, Fake Dignity, Fake Smile, Fake Tears, Fake Mourning, Fake Attitude, Fake Etiquette, Fake Matyrs, Fake Hero, Fake Ideology, Fake Oaths, Fake News, Fake Family, Fake Friends, Fake Panel, Fake Sick, Fake Certifications, Fake Papers, Fake Data, Fake Company, Fake Personality, Fake Gentleman, Fake Feminist, Fake Paternity, Fake Fathers, Fake Spouse, Fake Philosophers, Fake Pastors, Fake Scientist, Fake Utterance, Fake Speech, Fake Testimony, Fake Evidence, Fake President, Fake Persona, Fake Medicine, Fake Food, Fake Directors, Fake Statemans, Fake Judges, Fake Broadcasters, Fake Repoters, Fake Writers, Fake Costume, Fake Bomb, Fake War, Fake Nationalism, Fake Religions, Fake Couple, Fake CEO, Fake Cult, Fake Muscle, Fake Eyes, Fake Breasts, Fake Legs, Fake Hairs, Fake Coins, Fake Stocks, Fake Funds, Fake Festivals, Fake Used car, Fake Goods, Fake Photos, Fake Paintings, Fake Face, Fake Voice, Fake Vaccin, Fake Mask, Fake Poll, Fake Vote, Fake Bills, Fake Employee, Fake Scale, Fake Meter, Fake Check, Fake Attendance, Fake Witness, Fake Confession, Fake Statement, Fake X-mas, Fake Halloween, Fake CCTV, Fake Valentine's Day, Fake White Day, Fake Crowd … Fake Variation, Fake Variety, Fake Metamorpho, Fake Entangling… Fake Life, Fake Death, Fake Hell, Fake Paradise … Prevalence of Fake, Predominance of Fake, Great victory of Fake, Perfection of Fake, Immortality of Fake, Eternity of Fake… "Who are you?"

웹드라마 〈안나〉(2022)에서 주인공 이유미(수지 분)는 "인간은 자기만 보는 일기에도 거짓말을 쓴다."고 독백한다. 타인을 기만하려면 초조하거나 부자연스러운 표정을 억눌러야 하는데, 여기에 인지부하까지 겹쳐 스트레스가 가중되면 기만의 낌새가 드러날 수 있다. 따라서 자신부터 철저히 속이는 것이 중요하다. 이 드라마에서 외국인 여성이 어린 유미에게 포커페이스를 가르치는 장면은 '가짜 안나'의 탄생을 예고하는 복선이다.

자기기만은 행위자의 자기보호와 성취동기를 강화하는 측면과 타자에 대한 기만의 예비음모 및 불공정의 시작이라는 양면성이 있다. 일부 심리학자들은 신체적·정신적 고통, 사회적 우려 등을 포함한 모든 고통에 대처하는 두뇌의 기본설계의 원형을 '부정(denial)'이라고 본다.[29] 인간의 뇌는 객관적 사실에 대한 부정이라는 방어기제를 발달시키면서 자기기만의 능력을 강화시켰고, 사람들은 자신이 꾸며 낸 거짓말을 남들보다 더 굳게 믿는다.

블랙(Black)은 기만적 언행과 관련된 개념 및 언어로서 bullshit과 흡사한 humbug이 거짓말과 다를 바가 없으면서도 주로 가식, 기만, 허세, 가장, 사칭과 연관된다고 보았다. 그는 거짓말을 거의 하지 않으면서 '그런 척하는' 기만적 와전(deceptive misrepresentation)과 한 걸음 더 나아가 자기기만을 수반하는 단계로 구분했다. 예컨대 실제는 뉘우치지 않는 살인범이 형량을 줄일 목적으로 법정에서 울먹이며 용서를 비는 것이 기만적 와전이라면, 진범이 따로 있다고 억울함을 호소하는 경우는 자기기만과 타자기만이 결합된 것이다. 후자의 경우에 살인범은 진실을 부인함으로써 법정을 기만하고, 다른 사람이 진범이라는 자기기만에 근거해서 법정을 다시 기만한다는 점에서 두 번 기만하는 셈이다. 전자가 타자기만의 단선적 양상이라면, 후자는 자기기만과 타자기만이 결합된 것이다.

진화 과정에서 자기기만이 긍정적 역할을 했다고 생각하는 사회생물학자들은 자기기만이 용감하고 과감한 행위들, 단결과 공유, 생존경쟁을 만들어 냄으로써 장기적으로 인류에게 이로움을 주었다고 본다. 하지만 자기기만이 공동체의 방어와 생존을 위한 정신적 면역계라고 하더라도, 바로 그러한 이유로 인해서 집단적 자기기만은 때때로 집단적 광기의 원천이 될 수 있다.

진실된 정보의 선택적 배제

자기기만의 사전적 의미는 자신의 신조나 양심에 벗어나는 일을 무의식중에 행하거나, 아니면 이를 의식하면서도 강행하는 것을 말한다. 심리학적 맥락에서는 자기기만을 사실과 다르거나 진실이 아닌 것을 합리화하면서 사실로 받아들여 정당화하는 현상으로 본다.

트리버스 등에 따르면 자기기만은 우리의 의식이 진실된 정보를 선택적으로 배제하는 과정에서 조금이나마 무의식에 잔류하는 진실된 정보조차 거짓된 정보로 억압하는 기제로 이해할 수 있다. 자기기만은 자신이 원하는 것에 반하는 증거에 대한 인식의 실패라는 점에서 객관적 증거와 무관하게 자신이 원하는 바를 믿는 착각이나 희망적 사고와 다르다.

애리얼리(Dan Ariely)는 증명서, 상장, 트로피 등이 자신의 마음가짐에 영향을 준다는 것을 실제로 느꼈다고 밝혔다.[30] 가짜 증명서가 자기기만을 강화할 수 있다는 것을 암시한 것인데, 그럴싸하게 보이는 것에 대한 선호가 진짜에 대한 관심을 압도하는 현실에서 충분히 가능한 일이다. 누군가 자신의 사무실에 가짜 졸업장이나 증명서 등을 전시하고, 스스로를 그런 노력과 능력의 장본인이라고 믿는다면 좀 더 수월하게 고객을 기만할 가능성이 커진다. 또한 사칭하는 자는 행색과 어투를 다듬고, 정보를 입수하여 세밀한 노력을 기울일 것이다.

자기기만의 실재를 부정하는 관점에서는 위와 같은 방식으로 자신을 기만하는 것은 타자기만의 일부이고, 가식이나 착각과 다를 바가 없다고 본다. 이런 관점에서는 동일한 사람이 어떤 명제와 그에 반하는 반명제를 동시에 믿는다거나, 자신이 옳다고 믿는 것에 반하는 생각을 믿도록 자신을 속인다는 것은 기만하는 자와 기만을 당하는 자가 '동일체(a deceiver and deceived)'라는 궤변이라고 본다.

반면에 자기기만의 실재를 긍정하는 관점에서는 자기기만을 사실과 반대로 믿음으로써 자신을 방어하는 정신작용의 발현으로 본다. 이런 관점에서는 자기기만이 무의식적으로 실제적이거나 유용한 정보를 밀어내고 가짜 혹은 잘못된 정보를 의식적으로 제공함으로써 타자기만을 용이하게 한다고 본다. 또한 자기기만을 의식적 기억 및 태도와 무의식적 기억 및 태도, 자동적인 과정과 통제된 과정을 망라한 정신적 프로세스의 해리(dissociations)로 이해하거나, 어떤 의식적 동기에 의한 잘못된 믿음과 이와 상충하는 무의식적 믿음이 충돌하고 결합하는 현상으로 보거나, 자신도 모르게 의식하는 기억(Involuntary Conscious Memory)의 장애로 설명하기도 한다.

개인적 차원에서 자기기만은 자신에 대한 긍정적 이미지를 강화해서 어려움을 극복하거나, 과중한 업무로 인한 스트레스를 이겨내는 데 도움이 될 수 있다. 자신의 부족함이나 실패를 부인하기 어려워졌을 때 자기기만은 타인이나 외부환경에 그 책임을 돌리고 스스로를 면책하는 명분과 정당성을 제공하기 때문이다.

트리버스의 관찰에서는 사회적 지위와 인지부하가 자기기만과 밀접한 관련이 있었고, 자기기만을 하는 사람들의 인지부하가 상대적으로 낮게 나타났다.[31] 즉 사회적 지위가 높을수록 인지부하가 가중되고, 이러한 부담을 경감하기 위한 자기기만의 가능성이 높아진다는 것이다. 또한 이런 경우에 자기기만은 인지부하를 경감하고 인지자원의 소모를 줄이는 효과가 있고, 기만이 드러났을 때 치러야 할 대가도 최소화할 가능성이 커진다. 부수적으로 자기기만은 실제 자신감보다 더 많은 자신감을 드러냄으로써 사회적으로 유리한 위치에 서게 만드는 효과도 있다.

그러나 자기방어로 시작한 자기기만이 자기도취나 거꾸로 자기부정으로 극단화될 수 있다. 이솝우화 중에서 〈여우와 포도〉는 자신의 욕구와 객관적 조건의 괴리로 인한 스트레스가 초래한 자기기만의 예시로 인용된다. 포도에서 고개를 돌린 여우에게 포도의 진짜 맛은 더 이상 중요하지 않다. 여우의 변심은 합리적 선택으로 볼 수 있지만, 공공의 영역에서는 다르다.

자신의 생각에 반하는 상황에 처하여 문제의 원인을 부인하거나 모른 척하는 인지부조화(cognitive dissonance)에 빠지면, 과거의 왜곡된 기억으로 사실과 다른 말을 하면서도 이를 자각하지 못하게 된다. 그래서 과거의 기억은 A라고 말하고 있어도 현재의 사회적 지위나 자존심으로 인해 A가 아니라고 말한다. 기억이 자존심에 굴복하는 것이다.

이러한 인지부조화는 기만을 부르고, 기만은 인지부하를 초래한다. 또한 인지부하는 의사결정에 부정적 영향을 끼치고,[32] 결정권자들은 직설적인 거짓말의 부담과 이로 인한 인지부하를 회피할 목적으로 모호한 개소리를 발화한다.

개소리란 무엇인가

개소리에 투영된 자기기만

고리키(Maxim Gorky)의 회고록에는 자기기만에 관한 에피소드가 나온다. [33] 멋지게 차려입은 아름다운 여인이 카페에 앉아 있는 체홉(Anton P. Chekhov)에게 다가와 이렇게 말했다.

"세상이 온통 회색빛으로 보여요. 내겐 아무런 욕망도 없어요. 나의 영혼은 고통스러워요. 이건 병(disease)인 것 같아요." 체홉은 주저 없이 대꾸했다. "그건 병입니다. disease는 라틴어로 morbus fraudulentus라고 하지요." morbus fraudulentus는 자신이나 남을 기만하는 정신질환을 가리킨다.

안톤 체홉

미국 TV드라마 〈형사 콜롬보〉에서 범인들은 교묘한 거짓과 변명을 늘어놓거나, 추가 범행으로 콜롬보의 관심을 분산시켜서 진상을 은폐하려고 한다. 많은 범인들이 안색이 바뀌지 않고 기만하는 모습은 자기기만의 중요성을 잘 보여 준다. 인지부하가 가중될수록 범인들은 정신적 부담을 낮추고 평정심을 유지하기 위해 뻔히 드러날 거짓말이 아니라 모호한 말들을 한다. 범인들은 위험, 인지부하, 책임을 가중시키는 거짓말보다 그럴싸한 개소리를 선호한다.

자기기만이란 말에는 '사실에 반하여 자신을 속인다.'는 의미와 '사실에 대한 인지편향 및 인식의 실패로 인하여 자신을 속이게 된다.'는 의미가 뭉뚱그려 있다. 자신이 원래 의도했던 대로 상황이 전개되지 않거나 예상했던 객관적 근거가 도출되지 않을 때, 사람들은 사실을 인정하는 정문이 아니라 자기기만이라는 후문을 찾는다. 이런 점에서 개소리는 사실을 받아들이는 것에 대한 실패(to kid oneself)[34]에서 비롯되고, 기만(to kid others)을 부드럽게 하기 위해 연성화된 언설이다.

7.

정치적 자기기만

자기기만은 나약한 인간이 생존하기 위해 때론 불가결한 정신작용처럼 여겨질 수도 있지만, 공적 영역에서의 자기기만은 심각한 문제를 초래할 수 있다. 결정권자의 자기기만은 더 올바른 판단을 돕는 유익한 정보들을 불성실하게 대하고 배제함으로써 비합리적이고 비양심적인 판단을 초래한다는 점에서 위험하고 유해하다. 지도자의 자기기만과 동기화된 집단적 자기기만은 대중으로 하여금 잘못된 결정을 최선의 결정으로 믿게 만들어 교정을 어렵게 하고 후임 정부에서 동일한 오류가 재발할 가능성을 높인다.

정치적 자기기만은 자신이 사실이라고 믿는 것이 사실이 아님에도 불구하고 사실과 연관된 유익한 정보들을 자기의 생각이나 신조에 반한다는 이유로 간과하거나 배척할 때 발생한다. 갈레오티(Anna E. Galeotti)는 정치적 자기기만이 성립하는 세 가지 조건을 제기했다.[35] 첫째는 자신의 전제에 부합하는 증거와 이에 반하는 증거가 상충하는 맥락이 있어야 한다. 둘째는 자신의 전제가 사실이기를 바라지만 그러한 전제에 반하는 증거들을 제압하기 어려운 상황과 그런 상황과 갈등하는 동기가 있어야 한다. 셋째는 자신의 전제를 합리화하면서 객관적 사실에 반하는 정황이나 증거에 경도되는 인지편향이 나타나야 한다.

정치적 자기기만은 특정한 맥락에서 어떤 정치적 동기가 인지편향과 맞물린 결과다. 결정권자들은 특정한 상황에서 자신의 이데올로기적, 정책적 기초 위에 판단근거가 될 만한 증거들을 취합하고, 자신의 지향이나 바람에 반하는 증거들과 비교하게 된다. 이 과정에서 자신의 가정이나 판단이 타당하기를 바라지만 그렇지 않다는 증거들이 무시하기 어려울 정도로 감지될 때, 결정권자들은 인지부하와 자기기만의 압력에 노출된다.

정치적 자기기만은 특정한 동기와 인지편향이 맞물려 나타난다는 점에서 정치적 거짓말이나 정치적 착오와 다르다.[36] 정치적 거짓말은 특정한 욕구와 감정이나 목표에 의해 발생하더라도 인지편향이 아니라 고의성이 중요하게 작용한다. 정치적 착오는 우연한 요인이나 불성실한 관리, 혹은 인지편향에서 비롯되더라도 정치적 자기기만처럼 특정한 동기가 작용한 결과는 아니다.

진실해 보이는 것(truthiness) 〉 진실성(truthfulness)

> "진실성(truthfulness)은 정치적 미덕으로 쳐 주지 않는다. 정치적 거
> 래에서는 거짓말을 언제나 정당화할 수 있는 도구로 간주했다. 이런
> 문제에 대해 관심을 갖는 사람이라면 철학 및 정치사상의 전통에서
> 이 문제의 중요성에 거의 주의를 기울이지 않은 것에 놀라지 않을 수
> 없다."
>
> > — 아렌트 —

현실 정치에서는 진실성보다 '진실해 보이는 것(truthiness)'이 더 우월
하다. 진짜와 가짜의 경계가 모호한 경우에 진짜처럼 보이는 가짜가 진
짜를 대체한다. 진실해 보인다는 말은 객관적 사실과 무관하게 자신이
믿고 싶은 것을 믿겠다는 말과 같다. 바나나를 갈은 것보다 바나나 착향
주스에서 진정한 바나나의 맛을 느끼는 것처럼 말이다.

단기간에 정치적 진실을 알 수 없는 조건에서 진짜와 진실이 따로 있
다는 것을 확신하기 어려운 대중이 '진실해 보이는 것'에 반응하는 것은
어쩌면 당연하다. 정치적 기만은 '진실해 보이는 것'으로 대중의 인지적
취약성을 겨냥한다. 이를테면 정치적 양극화와 이로 인한 혐오와 적대
적 감정, 이런 것들과 연관된 암시적 언어들(code words), 주변 생각에
대한 추종(pluralistic ignorance), 인지편향은 모두 정치적 기만을 효과
적으로 먹혀들게 한다.

대중은 '진실해 보이는 것'에 대해 관성적으로 능동화되어 있다. 자신의 감정이나 정치적 성향에 맞는 주장이라면 사실이 아닌 것도 진실한 것으로 받아들인다. '진실해 보이는 것'은 결정권자들의 일방적 기만이 아니라 대중의 자기기만과의 교호작용이다. 따라서 분열적인 사회일수록 정치적 혐오는 대중의 자기기만에 커다란 영향을 준다. 인종주의, 민족감정, 지역감정, 젠더갈등, 진영논리는 휘발성이 있는 사건과 결합하면 '진실하게 보이는 것'의 위력을 극대화한다. 대중은 자발적으로, 열성적으로 혐오를 발산하면서 평소의 양식과 거리가 먼 태도로 돌변하여 자기를 배반하고 자기를 기만한다.

스위프트는 "정치에서 거짓말을 할 준비가 돼 있지 않은 사람들에게 자리가 남아 있을까?"라고 반문했다. 괴벨스는 이러한 의문에 "거짓말도 자주 하면 사실이 된다."고 답했다. 현실 정치에서는 부정확한 주장이나 거짓말로 사실을 왜곡하는 것을 필요악으로 간주하거나, 경쟁자의 거짓에 대해 거짓으로 대응하는 것을 정당방위로 여기는 경향이 있다.

그러나 털럭(Gordon Tullock)은 기만의 이득이 비용보다 크다고 믿을 때 거짓말을 하게 된다고 보았다. 그의 관점에서 보면 자신의 도덕적 코드에 반하는 거짓말을 하는 권력자, 결정권자들은 심적 고통과 같은 정신적 비용이 상승할 것이다. 이런 이유로 인해서 결정권자들은 노골적인 거짓말이 아니더라도 지지자와 대중의 생각이나 행동에 영향을 미칠 수 있는 대안을 찾게 된다. 그렇다면 개소리야말로 합리적 선택이 아닌가?

개소리란 무엇인가

피그스만과 통킹만

슐레진저(A. Schlesinger), 앨터먼, 갈레오티 등에 따르면, 역대 미국 대통령들의 정치적 거짓말이나 자기기만은 주로 국제적 위기국면에서 두드러졌다.

전후 미국의 대외정책에서 거짓말과 기만, 그리고 자기기만을 화두로 떠오르게 한 사건은 베트남전쟁이었다. 슐레진저는 사이공주재 미국 대사관의 거짓말과 이를 확인하지 않고 보도하는 기자들, 그리고 이런 보도를 사실로 여기는 공직자들이 미국 정부와 국민을 기만하고 동시에 자신들도 기만했다고 지적했다.[37] 아렌트도 미 국방부의 전쟁문서 공개를 계기로 베트남전쟁이 거짓말 덩어리 위에 세워졌고, 그런 거짓말들이 베트남 비극의 원인이라고 비판했다.[38]

쿠바위기처럼 대중기만에 성공한 사례는 후임 행정부에서 재연되거나 베트남전쟁처럼 확대되면서 도리어 미국의 안보와 세계평화에 악영향을 끼쳤다. 케네디 행정부의 업적에 숨겨진 기만이 존슨 행정부에서 위대한 유산처럼 받아들여졌다.

베트남

피그스만 침공이 쿠바 미사일 위기로 이어지고, 통킹만 사건이 베트남

전쟁의 확전으로 이어진 과정에서 결정권자들의 자기기만이 작용했다는 것은 나중에야 드러났다. 피그스만 침공은 카스트로 정권의 위기감을 조장하여 소연방(Soviet Union)의 핵미사일을 불러들였지만, 케네디 행정부는 압박전술로 흐루쇼프의 후퇴를 얻어 낸 것으로 알려져 있다.

하지만 당시 주미대사였던 도브린(A. Dobrynin)은 1989년에 와서야 자신과 로버트 케네디 법무장관이 쿠바와 터키에 배치한 미사일을 상호 철수하기로 합의했다고 밝혔다. 이 합의는 케네디 형제와 네 명의 보좌관 외에는 존슨 부통령도 모를 정도로 극소수에 의해 결정되었다고 한다. 도브린의 폭로 이후에도 러스크·맥나마라 등 핵심 관여자들은 이면 합의에 대해 거래·흥정·교환이라는 말을 피하면서 반대급부(quid pro quo)가 아니라 예정된 조치였다고 강변했다.[39]

이처럼 역사적으로 중대한 기만일수록 성역화되고 신성시되기 때문에 후대에서도 그 실체를 드러내 기만성을 까발리는 일이 쉽지 않다. 결과적으로 쿠바 위기에서 미국과 케네디가 일방적으로 승리했다는 기억은 사실과 거리가 먼 가공이었다. 그런데 후임 행정부는 이러한 신화를 계승했고, 결정권자들과 대중의 집단적 자기기만이 재연됐다. 존슨 행정부는 베트남 남부의 내전을 진정시키넌 미국파 가지를 공유히는 체제를 세울 수 있다는 불확실한 전망을 낙관하는 자기기만에 빠져 통킹만 사건을 초래했다. 이는 피그스만 침공으로 카스트로체제를 와해시키고 쿠바를 미국의 좋은 이웃으로 만들 수 있다는 불확실한 전망을 낙관적인 전망으로 탈바꿈시킨 의사결정 프로세스와 닮은꼴이었다.

개소리란 무엇인가

통킹만 사건은 성공 가능성이 낮은 전망을 거꾸로 성공 가능성이 높은 것처럼 생각한 데서 비롯되었다. 이 사건은 우연한 착시가 아니라 결정권자들의 특정한 동기가 편향된 정보와 착종되면서 나타난 정치적 자기기만이었다. 존슨 행정부는 베트남공화국(월남)의 안정화가 어렵다는 객관적 사실을 받아들이는 데 실패하고, 도리어 편향된 전망으로 북폭을 감행하여 전면전으로 확대시켰다.

쿠바위기·베트남전쟁·이라크전쟁에서 나타난 공통점은 신속하게 결정해야 할 외부적 압박 속에서 내부의 편향된 데이터처리가 맞물려 오판으로 인한 대가를 과소평가하게 만드는 여러 동기와 이유들에 의해 결정권자들의 인지적 정확성이 저하됐다는 것이다.

여우의 자기기만

신 포도(sour grape) : 집단적 자기기만

"최악의 작가에게 그의 독자들이 있듯이 최악의 거짓말쟁이에게는
그를 믿는 사람들이 있다."

- 스위프트 -

피그스만 침공사건 직후에 유럽에서는 케네디의 강경노선에 실망감
을 드러냈지만, 미국 내부에서는 그렇지 않았다. 오히려 1961년 5월 3일
자 여론조사에서 지지율이 83%까지 상승했다. 불과 수개월 전에 근소한
차이로 당선되었던 케네디 대통령은 피그스만 침공 이후 지지율이 폭등
하자 자신이 더 못할수록 인기가 더 높아진다고 말할 지경이었다.

당시에 팽배했던 냉전적 사고방식, 공산주의 위협과 국가안보에 대한
우려, 문 앞에 소비에트의 해두보(beachhead)가 생길 수 있다는 위기감
으로 미국인들은 대통령에게 힘을 실어 주는 것 외에는 다른 선택지가
없었을지도 모른다. 그러나 슐레진저에 따르면, 케네디는 자신의 책임을
시인했으며 자신이 영국 수상이었다면 쫓겨났을 것이라고 토로했다.[40]

당시 미국인들은 피크스만 침공이 대통령의 책임이 아니라 CIA가 대
통령을 속여서 생긴 문제라는 속설을 믿으려고 했다. 대중은 케네디를
책임자가 아니라 피해자로 인식했고, 최종적으로 분노의 화살을 소비에
트와 카스트로에게 겨누었다. 이것은 당시 미국 미디어의 일반적 논조
와 일치한다. 대통령의 자기기만에 담긴 '신 포도(sour-grapes form)'가

대중에게 전이되고 집단적 자기기만으로 나타난 것이다.[41] 이어진 쿠바 위기에서 케네디는 핵전쟁 위협에 굴하지 않고 전쟁위기를 평화적으로 해결한 지도자로 각인되었다.

당시 미국인들은 외교적 승리로 자축했고, 언론은 '트롤로프 기법(Trollope Ploy)'이라고 추켜세웠고, 학계에서는 이른바 '앨리슨 모형(Allison Model)'[42] 까지 등장했다. 이런 분위기에서 케네디 행정부가 군이 이면합의를 해명할 필요는 없었다. 언론의 관심을 분산시키면서 이면합의에 관한 잡음이 불거지지 않도록 관리하는 것만으로 충분했을 것이다. 영국의 작가 트롤로프(A. Trollope)에서 유래한 트롤로프 기법(Trollope ploy)은 상대의 의례적 행동을 와전하는 것(misinterpretation)을 뜻한다. 일상에서 흔히 겪는 기만의 일종이다. 당시 언론은 흐루쇼프의 첫 번째 전문을 협상의 전부로 만들어 버린 것이야말로 케네디 형제의 묘수라고 추켜세웠다. 그러나 오늘날 미국 트롤로프학회(The Trollope Society USA)는 케네디의 협상결과가 과장되었으며, 트롤로프 기법을 강조하는 것은 내부의 논란을 도외시한 편향으로 본다.[43]

집단적 광기

"개인의 광기는 예외이지만, 집단의 광기는 규칙이다."

– 니체 –

역사적으로 결정권자들의 정치적 자기기만이 초래한 결과들은 대중들 자신에게 전가되었지만, 경이롭게도 대중은 '신 포도'를 바라보는 여우처럼 집단적 자기기만에 빠지는가 하면 때론 그로 인해 정치적 광기로 치달았다. 대중의 감정에 와닿는 이야기는 설혹 기만적이라도 대중의 선택에 의해 진실한 이야기를 압도한다.[44] 루키아노스가 몽환적인 달여행 이야기에 굳이 '진실한 이야기'라는 제목을 붙인 것도 이런 역설을 풍자한 것일까?

진화적 관점에서 보면 우리의 두뇌는 이기적 유전자에 의해 만들어졌지만 오히려 그러한 성향으로 인해 협력적이고 이타적 행동을 한다. 그러나 인간은 집단의 가치에 경도돼 '이타적 폭력'에 빠져들어 전쟁과 같이 집단 내부에 대한 이타와 집단 외부에 대한 이기의 기괴한 혼합물(amalgam)을 만들어 내기도 한다. 프로이트는 집단이 무의식적으로 배타적으로 되는 경향이 있고, 집단정서는 단순해지고 과장되어서 의심이나 불확실성을 의식하지 못하게 된다고 생각했다.

집단정서가 단순화되면 안팎의 자극에 대해 거짓된 반응을 일으키기 쉽다. 이런 경향은 불확실성에 대처하는 개별적 능력을 제약하고 약화시킨다. '우리'가 되면 될수록 정신적 일체감과 단결력이 높아지지만, 바로 그런 이유 때문에 사람들은 집단에 속할 때 프로이트의 말마따나 유치한 상태로 퇴화할 수 있다.

쾨슬러(Arthur. Koestler)는 《The Ghost in the Machine》에서 인간의 폭

력은 개인주의적 이기심의 과잉보다 집단중심주의(group-centeredness)의 과잉에서 초래된다고 보았다. 실제로 애국심과 같은 이타적 의도가 타인에 대한 공공연하고 과도한 폭력을 초래하기도 한다. 전쟁에서는 애국심이나 민족주의와 같은 항거불능의 명분이 모든 가치를 압도하기 때문에 전쟁을 수행하는 개인들은 자신이 속한 공동체를 위해 헌신하고 희생한다.

그러나 전쟁수행과정에서 개별적 이기주의로는 가능하지 않은 악랄한 비이성적 행동, 즉 고문 등 가혹행위와 비무장 민간인 학살과 같은 전쟁범죄가 나타난다. 자신의 공동체를 위해 전쟁에 참여하게 된 개인은 집단의 이익에 헌신하지만, 비이성적인 행위까지 정당화하고 책임져야 하는 딜레마에 봉착한다.

나치즘(파시즘)과 전체주의에서 강조하는 총체적 이상에 따라 개인적 실천을 결정하는 것이야말로 근본적으로 위험한 도덕적·정치적 미성숙의 징후라고 강조했던 벌린(I. Berlin)의 통찰[45]처럼, 상대방과 자신의 가치의 차이를 인정하지 않았던 나라들에서 역사적으로 집단학살·인종청소가 발생했다.

이러한 역사적 경험들은 인간의 동기와 가치를 충분하게 이해하지 못하고 정치적, 사회적 기획을 입안하거나 수행하는 결정권자들은 대중에게 참혹한 결과를 강요한다는 것을 보여 준다. 때론 '더 많은 민주주의'란 명분으로 요구하는 것들이 오랜 희생으로 이룬 민주적 체제를 바이마르

공화국이 히틀러의 도살장으로 끌려갔던 것과 같은 역설을 초래할 수 있다.

메리엄(Charles Merriam)에 따르면, 권력은 대중의 감성에 호소해서 스스로를 신비화시키고 대중으로 하여금 맹종하게 만드는 미란다(miranda)와 대중의 이성을 조종해서 권력에 대한 동의를 합리화시키는 크레덴다(credenda)에 의해 형성되고 유지된다. 이와 같은 맥락에서 엘륄(Jacques Ellul)은 대중이 무심코 받아들인 정치적 사유들이 정치의 무기력을 은폐하는 환상에 불과하며, 권력자들은 대중에게서 자신을 보호하려고 무의식적으로 정치적 착각(L'illusion politique)을 조장한다고 강조했다.[46]

하지만 대중의 정치적 착각은 조종에 의한 산물이 아니라 대중의 자발성이 개입된 복잡한 결과물이기도 하다. 중세 프랑스의 드 라 보에시(Étienne de La Boétie)는 농노와 군주의 관계에서 자발적 복종(la servitude volontaire)이 존재한다고 주장했다. "그들이 이 상황을 견딜 수 있는 것은 자신들이 받은 모멸을 누군가에게 돌려줄 수 있기 때문인데, 불행하게도 그들은 자신들에게 불행을 초래한 군주를 향해서가 아니라 자신들처럼 불행을 참고 견디며 어떠한 서항도 할 수 없는 약힌 존재들에게 악습을 그대로 반복한다."[47]

아렌트가 나치의 홀로코스트에 담긴 '사유의 무능'에서 악의 평범성을 본 것이나 볼(James Ball)이 "진실의 가장 큰 적은 거짓말이 아니라

bullshit을 믿고 싶은 당신의 마음"이라고 한 것은 집단적 자기기만이 대중의 인식 및 사유와 연관된 문제라는 것을 시사한다. 즉 집단적 자기기만은 대중의 인식론적 취약성 및 사유의 무능과 결부돼 있다는 것이다.

블레어의 '찻주전자'

이라크전쟁 당시 후세인에 대한 부시 대통령의 인식은 '파스칼의 내기(Pascal's Wager)'를 거꾸로 닮았다. '부시의 내기'는 전쟁의 목표물, 즉 대량살상무기(WMD)가 존재하지 않는다는 명백한 증거가 없다는 것을 전쟁의 이유로 삼았다. 반전여론이 우세했던 유럽에서 블레어 영국 수상이 이라크 침공을 선택하는 것은 어려운 결정이었다. 그럼에도 그가 참전을 결정한 근거를 재구성하면 다음과 같다.

"이라크에 WMD가 있는지 확실하지 않다. WMD가 없는지도 확실하지 않다. 만약 숨겨져 있다면 미국은 물론이고 세계의 안전에 위협적이다. 이라크에 WMD가 없는 것이 확실하지 않다는 것은 WMD의 위험이 확실하게 제거되지 않았다는 것을 뜻한다. 따라서 이라크에 WMD가 없다는 사실이 분명하게 밝혀지기 전까지 WMD가 있을 수 있다는 합리적 의심에 반하는 주장들을 받아들일 수 없다. 이라크에 있는지 없는지 알 수 없는 WMD를 제거하기 위해 미국과 함께 예방전쟁을 수행하는 것이 불가피하다."

이러한 논리는 이라크에 WMD가 없다는 사실이 확인되지 않았기 때문에 WMD를 제거하기 위한 침공은 정당하다는 '권력의 개소리'였다. 러셀은 이렇게 반증 불가능한 논리에 기초한 기만과 그에 따른 개소리를 풍자하는 우화적 예시를 남겼다.

그는 자신이 지구와 화성 사이에서 초고성능 망원경으로도 찾아낼 수 없는 작은 찻주전자 하나가 태양 주위를 공전한다고 주장하면 누구도 상당한 세월이 흐르도록 반증하지 못할 것이고, 이렇게 확인할 수 없는 일이 하나의 믿음으로 계승되고 성역화되면 대대로 당연하게 여겨질 것이라고 풍자했다.

자신의 믿음이 틀릴 수도 있기 때문에 그 믿음을 위해 죽지는 않을 것이라고 했던 러셀은 '신의 부재를 증명할 수 없다는 논리가 신의 존재를 믿어야 하는 근거가 될 수 없다.'는 명제를 제기했다. '신은 죽었다'는 니체의 명제가 반증 불가능한 교리에 대한 풍자적 역설이라면, 러셀의 명제는 반증 불가능한 교리에 대한 신중한 냉소였다.

갈레오티는 블레어 수상의 이라크전쟁 참전 결정을 반증 불가능한 논거를 앞세운 정치적 자기기만이라고 보았다.[48] 이라크 사찰에서 WMD를 확인할 수 없었지만, 블레어는 WMD가 없다는 확증이 없다는 것을 전쟁의 명분으로 삼았다. 또한 후세인이 WMD가 없다고 주장한 것은 그의 평소 행적에 비추어 신뢰를 받기 어려웠다는 점에서 세계인들에게 이라크전쟁에 대한 인식론적 취약성을 초래하는 데 일조했다.

블레어는 WMD가 없다는 것을 확인할 때까지 전쟁을 계속해야 한다고 강변했다. 갈레오티는 블레어가 참전결정에서 사전적(ex-ante) 자기기만을 드러냈고, WMD를 찾지 못하자 사후적(ex-post) 자기기만에 빠졌다고 비판했다. 당시 영국에서는 블레어를 '부시의 퍼피(poppy)'로 풍자했다.

이처럼 정치적 자기기만은 권력의 개소리를 생성하는 중요한 원천이고, 개소리는 대중의 풍자를 초래한다. 전쟁에 관한 정신이상적 판단에 대한 뼈아픈 풍자는 "전쟁은 시작하는 것보다 끝내는 것이 더 어렵다."는 말이다. 2022년 러시아의 우크라이나침공뿐만 아니라 70년이 넘은 한반도의 전쟁도 그러하다.

굿바이 개소리(Goodbye Gaesori)

"타자에게 말하는 것은 자신이 그에게 책임이 있다는 것을 의미한다."

- 데리다(J. Derrida) -

타자에게 개소리를 하는 것은 자신이 그를 부드럽게 기만하거나 혐오하고 있다는 것을 의미한다. 개소리에 관한 문제는 종국적으로 기만과 혐오, 그리고 가짜(fake)에 관한 문제다. 정치적 개소리의 위력은 '페이크'에 있다. 풍자를 당해야 할 당사자가 도리어 고사성어를 인용해서 세상과 대중을 풍자하려 든다. 이런 행태는 진실 자체보다 진실해 보이는 것, 그럴싸하게 보이는 것, 그런 척하는 것을 더 실재적이라고 느끼는 대중의 인식론적 취약성을 관통한다.

우리에게는 정의를 비롯한 여러 명분을 위해 얼마나 많은 거짓말과 개소리가 허용될 수 있는가? 정치적 개소리는 실재에 대한 무신경과 인지적 비성실에서 비롯된 사칭과 와전으로 그럴싸한 것을 선호하는 대중의 심리에 영합함으로써 위력을 발휘한다. 대통령선거 때마다 후보자들은 역대 대통령과 자신을 연관시키려고 하고, 심지어는 비슷한 시기에 치러진 외국 선거에서 당선된 승자와 자신이 닮았다고 꾸며댄다. 사실은 자신과 별로 닮은 점이 없고 인성이나 삶의 궤적에서 근본적으로 상이한 인물을 마치 유행가처럼 따라 부르다가 해당 인물이 쇠락하면 시치미를 뚝 떼고 자신과는 아무런 상관이 없는 외계인처럼 대한다.

그러나 이렇게 선거를 위해서 아무 말이나 꾸며 내는 인식론적 불성실과 비양심은 책임의 문제를 초래한다. 또한 정치인들이 스스로 풍자적으로 반격했다고 생각하는 경우에 풍자가 아니라 개소리인 경우가 많다. 실없이 비꼬아서 말한다고 해서, 고사성어를 인용한다고 해서 풍자가 되는 것은 아니다. 자신에 대한 성찰이 배제되고 상대에 대한 비난만을 목적으로 하는 가짜 풍자는 집단적으로 정치적 정신이상(political insaneness)을 촉발하는 유해한 개소리다.

풍자는 약자들의 것이거나, 적어도 권력의 주종관계에서 벗어난 풍자가의 것이다. 풍자에는 무언가를 바로잡으려는 분명한 방향성이 담겨져 있다. 자신의 잘못을 회피하거나 전가하려는 의도에서 비롯된 말들을 풍자로 생각하는 것은 오산이다.

권력자와 결정권자들도 풍자를 하지 말란 법은 없지만, 대개는 풍자의 본질적 요소가 희박하다. 2017년 북핵위기 당시에 트럼프 미 대통령은 김정은 위원장의 버튼보다 자신의 것이 훨씬 크다고 풍자했지만, 'America First'에 식상한 세계인들은 그의 말에서 아무런 감흥도 느낄 수 없었다. 그건 개소리였다.

자신에게 귀책사유가 있거나 사회적으로 지탄을 받을 만한 책임이나 과실이 있음에도 법원의 판결을 앞두고 사필귀정을 말하는 정치인들이 적지 않다. 이런 경우는 법원에서 유죄가 나오든 무죄가 나오든 상관없이 자신의 결백을 주장한다는 점에서 풍자가 아니라 개소리다. 어느덧 사필귀정이란 말은 허장성세의 자기실현적 개소리가 되고 말았다.

이처럼 우리 정치사회의 두드러진 특징의 하나는 풍자의 대상이 되어야 할 결정권자들이 풍자의 주체가 되려는 경향, 또한 그들을 추종하고 지지하는 사람들이 오로지 상대를 조롱하고 혐오하여 여론을 바꿀 수 있다고 생각하는 풍조다. 혐오는 다름에 대한 형편 없는 생각과 태도에서 기인한다. 화끈한 개소리일수록 혐오의 언사들이다. 인터넷 뉴스의 댓글들에 담긴 수많은 혐오들은 '대중의 개소리'로 규정할 만하다.

개소리를 하면서 일말의 책임감이나 양심의 가책을 느끼지 못하는 무신경은 종국적으로 사유의 무능에 관한 문제이기도 하다. 기만과 혐오의 언설이 판치는 원인은 다름에 대한 생각, 타자에 대한 사유의 결핍과 불능에서 비롯되는 것이 아닐까.

개인적으로 사려가 깊은 사람이라도 자신이 속한 집단에 대한 귀속감과 타 집단에 대한 배타적 감정이 동전의 양면처럼 딱 붙어서 떼어내기 어렵다. 집단 간 갈등에서 나타나는 다름에 대한 사유의 무능은 언어의 불능을 초래한다. 서로 말을 하면 할수록 소통이 아니라 혐오를 축적하면서 기만적인 개소리를 뿜어낸다.

다름과 책임에 관한 문제

개소리는 자신이 감당해야 할 인지부하와 책임들을 타자, 혹은 불특정 다수에게 전가한다는 점에서 유해하고 비윤리적이다.

"이 법 하나 더 만든다고 사고가 안 생깁니까?" 대통령을 비롯한 자타가 공인하는 최고결정권자들만 이런 논법을 쓰는 것이 아니라, 공직의 말단직이나 작은 조직 내부에서도 누구나 이런 식으로 말할 때가 있다. 이런 식의 말이 논리적으로 틀린 것은 아니다. 어쩌면 상식에 부합한다. 법 하나 더 생긴다고 해서 교통사고, 산업재해, 젠더폭력, 각종 안전사고 및 강력범죄 등이 종식될 리가 없다. 그러나 '사고가 하나도 안 생긴다'는 비현실적인 가정을 게 눈 감추듯 삽입해서 상대를 면박하는 것이야말로 반증 불가능한 개소리의 특징이다. 이런 식의 화술은 타자와의 소통에 대한 '닫음'이고, '닫음'에는 우리의 선한 의지들에 대한 비하와 혐오가 담겨 있다.

결론적으로 정치적 개소리는 다름에 관한 문제와 책임의 문제를 호출한다. 다름은 인간의 복수성(plurality)에서 기인한다는 점에서 다름을 인정하는 것이야말로 문명사회의 기본적 덕성이다. 자연은 그 자체로 다름을 유지해 왔지만, 인간은 자연에서의 다름(종 다양성)조차 파괴해서 동식물의 멸종과 기후문제까지 초래하고 있다.

부버(Martin Buber)가 인생의 참된 의미를 조우(encounter)라고 한 것이나, 레비나스(Emmanuel Levinas)가 타자에게 마음의 문을 연 자신을 발견하는 순간을 '말함(saying)의 순간'이라고 한 것은 다름을 만나 소통하는 것에 담긴 의미를 떠올리게 한다. 영(Irish M. Young)은 '말함'이란 관심을 가져 달라는 타자의 현재적 요구에 대한 표현이라고 했다. 그런데 개소리는 다름과 만나 소통하는 인간의 본성적 요구를 배반한다.

베버가 정치윤리에 대해 신념과 책임의 차이와 둘 사이의 균형을 강조한 것은 정치적 개소리의 무책임에 대한 문제제기로 볼 수 있다. 슐루흐터(Wolfgang Schluchter)는 베버가 책임윤리를 강조하게 된 배경을 1917~1919년의 독일에서 신념윤리로 무장한 정치인과 지망생, 혁명적 코뮤니스트, 변화를 갈망하는 청년세대의 언행에서 찾았다. 베버는 리얼리즘을 중시하는 코뮤니스트를 자유주의적 이상주의자에 비해 현실적이라고 보았지만 그들이 정치의 윤리적 역설, 즉 선에서 악이 생겨날 수 있는 '권력의 패러독스'를 간과하는 경향이 있다는 것을 간파했다.[49]

슐루흐터는 사물과 인간에 대해 거리를 두는 목측능력이야말로 책임윤리를 지닌 정치인의 현저한 특징이며, 이러한 능력이 제대로 된 과학을 만나면 더욱 강화된다고 주장했다. 과학은 '자기한계의 설정(self-limitation)'으로 독선적 신념을 자제하게 민드는 목측능력을 강화시킨다는 것이다.

베버는 신념윤리와 책임윤리가 절대적 대립물이 아니라 서로 합쳐져 정치적 소명을 받을 수 있는 진정한 인간을 만들어낼 수 있다고 했지만,

슐루흐터는 절대적 정치윤리인 신념윤리와 비판적 정치윤리인 책임윤리가 보완적 관계를 갖기 어렵다고 보았다. 흔히 정치적 개소리가 이데올로기나 진영논리와 같은 절대적 정치윤리에서 비롯된다는 점에서 이를 제어하는 비판적 윤리가 힘을 발휘하는 것은 현실적으로 어렵다.

대중의 집단적 자기기만도 책임의 문제에서 자유로울 수 없다. 아렌트는 도덕적 책임에 대해 개인적 한계를 설정해야 하지만 정치적 책임은 집단적으로 형성된다고 주장했다. 아렌트는《예루살렘의 아이히만》에서 죄(법률적 의미)와 정치적 책임(도의적 의미)을 구분하고, 아이히만이 유죄라고 해서 독일인들이 모두 죄인은 아니라고 하면서도 독일인들이 나치의 만행에 대해 침묵한 것에 대한 정치적 책임을 제기했다.

영(Young)도 구조적 불의가 구성원들의 무관심에 의해 지속된다고 보고, 구성원들에게는 행동해야 할 정치적 책임이 있다고 강조했다.[50] 여기서 책임은 지나간 일에 대한 과실을 묻는 차원이 아니라 미래에 대한 건설적 책임을 말한다. 개소리에 관한 논의도 결국은 누구를 탓하는 차원이 아니라 바람직한 미래로 나아가기 위한 정치적 책무에 관한 것이다.

일제강점과 한국전쟁을 겪은 세대가 대부분 떠나갔지만 남북관계와 통일문제, 한일관계, 개헌문제에 관한 개소리들은 여전히 위력적이다. 정치적 개소리는 서로 꼬리를 물고 이어지듯 환형 순환을 하면서 몇몇 단어들은 끊임없이 재활용된다. 개소리의 재활용과 유통 및 파급으로 인한 폐해와 관련해서 언론방송과 소셜미디어의 책임이 막중하건만 오히려 무신경하다.

이 글은 주로 정치적 맥락에서 개소리를 다루었다. 경제계, 종교계, 학계, 문화체육계의 은은한 개소리들은 발굴되지 않은 채 남아 있는 거대한 유적과 같다.

[첨언] 개소리와 bullshit의 호환성과 이질성

코헨(Gerald A. Cohen)은 프랑스의 신좌파 철학자들도 학문적 맥락에서 bullshit이 많다고 주장하면서 bullshit의 두 가지 종(species)을 제시했다.

그는 자신이 속한 연구집단 'September Group'이 'the Non-Bullshit Marxism Group'으로 불린 것을 자부한다고 밝혔는데, 그의 동료들은 도처에 'Bullshit Marxism Group'이 많다고 여겼던 모양이다.

1980년 미국 대통령선거에서 커머너(Barry Commoner) 시민당(the Citizens Party) 후보의 라디오광고는 "Bullshit! Carter, Reagon, and Anderson, it's all bullshit!"이란 대사로 시작되었다. 우리말로 "개소리! 카터, 레이건, 앤더슨, 모두 개소리야!"로 의역할 수 있다.

〈Humbug, Bullshit, Gaesori〉

구분	범주	이해의 맥락	주요 궤적	강조점
Black의 Humbug	일상 정치	dishonest language or behaviour	언행	와전, 사칭
Frankfurt의 Bullshit	일상 정치	trivial or insincere talk or writing	발화	진실에 대한 무관심
Cohen의 Bullshit	사상 철학	nonsense, rubbish	저작물 등	모호함
Moberger의 Bullshit[51]	과학 철학	pseudo, unfalsifiability	저작물, 언설 등	인식론적 불성실
Gaesori	일상 정치	deception, hatred	언행	기만의 연성화

(G. A. Cohen, Deeper into Bullshit, 참조)

프랭크퍼트(Harry. G. Frankfurt)의 'On Bullshit'이 '개소리에 대하여'로 소개됐는데, Bullshit은 빈말이나 헛소리로 번역되기도 한다. 2017년 지드래곤(G-DRAGO)이 발표한 〈개소리〉[52]도 영문표기를 'Bullshit'으로 했고, 2021년 일러스트레이터 순이지(Soon. Easy)도 '그럴싸한 개소리'라는 전시회 표제에 'plausible bullshit'을 부기했다. 순이지는 '그럴싸한 개소리'에 대해 "박스의 안은 텅 비어 있고 오직 겉모습만 그럴싸하다는 점이 세상에 무수한 그럴싸한 개소리들과 닮아 있다."고 설명했다, 그의 생각처럼 자신의 잘못이나 비겁함을 감춰주면서 정치적으로 올바른 사람처럼 보이게끔 하는 말이 개소리다.

개소리란 무엇인가

수평적 문화가 발달한 미국에서 bullshit은 대통령에서 일반인까지 일상적으로 사용하는 말이지만, 수직적·위계적 문화가 여전한 우리 사회에서는 '개소리'란 말을 금기시하는 경향이 있다. 실제로 네이버는 지드래곤의 〈개소리〉를 19세 이상 성인인증이 필요한 콘텐츠로 분류하고, 일부 언론에서는 개소리를 'X소리'로 블라인드 처리를 한다. '개소리'는 정치적 행실이 형편없는 자들을 통렬하게 야유하는 뉘앙스를 담은 말인데, 도리어 사회적으로 유해한 말처럼 금기시하는 것은 개소리의 발화자들에 대한 풍자를 억압하는 것이다.

2022년 2월 우크라이나 출신 스타일리스트 거트니크(Anastasiia Gutnyk)가 인스타그램에 쓴 "This is not time for the Prada show and all this bullshit."에서 bullshit을 개소리로 의역하든 헛소리로 풀이하든 의미전달에 큰 차이가 없다. 'Fucking Monday'를 '개 같은 월요일'이나 '망할 놈의 월요일'로 번역해도 마찬가지다.

bullshit을 일괄적으로 '개소리'로 번역하는 것보다 맥락에 따라 헛소리, 빈말, 가짜뉴스 등으로 의역하는 것이 자연스럽다. 반면에 정치적 개소리를 획일적으로 bullshit으로 영역하는 것보다 차라리 gaesori로 표기하는 것이 나을 수 있다.

24 구약은 거짓(말)에 대한 경고로 점철돼 있다. "네 이웃에 대해 거짓으로 증거하지 말라(출애굽기 20장 16절)." "너희는 도둑질하지 말며 속이지 말며 서로 거짓말하지 말라(레위기 19장 11절)." "거짓말하는 자들을 멸망시킬 것이다. 여호와는 피 흘리기를 즐기는 자와 속이는 자를 싫어하신다(시편 5장 6절)." "여호와가 미워하시는 것이 예닐곱 가지니 교만한 눈과 거짓된 혀와 무죄한 자의 피를 흘리는 손이다.(잠언 6장 16절~17절)." "그들이 입으로 그에게 아첨하며 자기 혀로 그에게 거짓을 말하였으니(시편 78장 36절)." "거짓을 행하는 자는 내 집 안에 거주하지 못하며 거짓말하는 자는 내 목전에 서지 못하리로다(시편 101장 7절)." "거짓을 말하는 망령된 증인(잠언 6장 19절)." "헛된 것과 거짓말을 내게서 멀리 하옵시며(잠언 30장 8절)." "너희는 각기 이웃을 조심하며 어떤 형제든지 믿지 말라. 형제마다 완전히 속이며 이웃마다 다니며 비방함이라. 그들은 각기 이웃을 속이며 진실을 말하지 아니하며 그들의 혀로 거짓말하기를 가르치며 악을 행하기에 지치거늘 네가 사는 곳이 속이는 일 가운데 있도다. 그들은 속이는 일로 말미암아 나를 알기를 싫어하느니라. 여호와의 말씀이니라. (…) 그들의 혀는 죽이는 화살이라 거짓을 말하며 입으로는 그 이웃에게 평화를 말하나 마음으로는 해를 꾸미는도다(예레미야 9장 4절~9절)." "네가 나를 잊어버리고 거짓을 신뢰하는 까닭이라(예레미야 13장 25절)." "사람은 다 거짓되지만 오직 하나님만 참되시다 할지어다.(예레미야 13장 25절)."

신약에서도 거짓(말)을 경계한다. "거짓말을 하고 진리를 행하지 아니함이거니와(요한복음 1장 6절)." "모든 거짓은 진리에서 나지 않기 때문이리. 거짓말하는 자가 누구냐(요한복음 2장 21절~22절)." "누구든지 하나님을 사랑하노라 하고 그 형제를 미워하면 이는 거짓말하는 자(요한복음 4장 20절)." "나도 너희 같이 거짓말쟁이가 되리라(요한복음 8장 55절)." "너희가 서로 거짓말을 하지 말라(골로새서 3장 9절)." "내가 그리스도 안에서 참말을 하고 거짓말을 아니하노라(로마서 9장 1절)." "거짓말하는 자와 거짓 맹세하는 자(디모데전서 1장 10

절)." "자기 양심이 화인을 맞아서 외식함으로 거짓말하는 자들(디모데전서 4장 2절)." "그레데인들은 항상 거짓말쟁이다(디도서 1장 12절)." "진리를 거슬러 거짓말하지 말라(야고보서 3장 14절)." "거짓을 버리고 각각 그 이웃과 더불어 참된 것을 말하라(에베소서 4장 25절)." "내가 전파하는 자와 사도로 세움을 입은 것은 참말이요 거짓말이 아니다(디모데전서 2장 7절)."

하나님과 예수는 기만하지 않는다는 것을 강조하는 대목들도 있다. "내가 나의 거룩함으로 한 번 맹세하였은즉 다윗에게 거짓말을 하지 아니할 것이라(시편 89장 35절)." "거짓이 없으신 하나님이 영원 전부터 약속하신 것인데(디도서 1장 2절)." "하나님이 거짓말을 하실 수 없는 이 두 가지 변하지 못할 사실(히브리서 6장 18절)." "하나님을 거짓말하는 이로 만드는 것이니(요한1서 1장 10절)." "참되고 거짓이 없으니 너희를 가르치신 그대로 주 안에 거하라(요한1서 2장 27절)."

종국에는 거짓에 대한 심판이 나온다. "거짓 기적과 불의의 모든 속임으로 멸망하는 자들에게 있으리니 … 하나님이 미혹의 역사를 그들에게 보내사 거짓된 것을 믿게 하심은 … 심판을 받게 하려 하심이라(데살로니가후서 2장 9절~12절)." "거짓말하는 자들 중에서 몇을 네게 주어 …(요한계시록 3장 9절)." "그 입에 거짓말이 없고 흠이 없는 자들이더라(요한계시록 14장 5절)." "… 거짓말하는 모든 자들은 불과 유황으로 타는 못에 던져지리니 …(요한계시록 21장 8절)." "거짓말하는 자는 결코 그리로 들어가지 못하되 …(요한계시록 21장 27절)." "거짓말을 좋아하며 지어내는 자는 다 성 밖에 있으리라(요한계시록 22장 15절)."

25 Trivers, Robert L. Newton, Huey P. (1982). "The crash of flight 90 : doomed by self-deception?". Science Digest(1982. 11). p. 66.

26 Trivers, Robert L.(2014). Folly of Fools : The Logic of Deceit and Self-Deception in Human Life. Basic Books. pp. 288~322.

27 Tversky, Amos and Kahneman, Daniel. "Judgement under Uncertainty : Heuristics and Biases". Science, Vol. 185, 1974. pp. 1124~1131. Kahneman, Daniel. 2011. Thinking, fast and slow. Penguin Books. pp. 419~432.

28 Varki, Ajit. Brower, Danny(2013). Denial : Self-Deception, False Beliefs, and the Origins of the Human Mind. Twelve. p. 25.

29 Varki, Ajit(2013). pp. 169~170.

30 Ariely, Dan(2012). The Honest Truth about Dishonesty : How We Lie to Everyone-Especially Ourselves. p. 153.

31 Trivers, Robert. von Hippel, William(2011). "The evolution and psychology of self-deception". Behavioral and Brain Sciences(Volume 34-Issue 1). 참조.

32 이스라엘 텔아비브대 연구팀의 분석에 따르면, 법관들은 정신이 맑은 시간대에 가석방을 승인하는 비율이 다른 시간대보다 높았다. 당일 아침에 가석방심의위원회가 처음으로 심의하는 경우와 점심 휴식 직후에 심의하는 경우에 가석방 승인비율이 높았다. 법관들의 피로와 인지부하가 증가할수록 가석방에 부정적인 경향이 나타난 것이다. Ariely, Dan. 위의 책. pp. 102~103.

33 Gorky, Maxim(1959). Reminiscences of Tolstoy, Chekhov and Andreev. New York. Max Black(1980). The Prevalence of Humbug. p. 79. 재인용.

34 to kid oneself : '사실에 대한 인지편향'으로 인한 자기기만이 'to deceive oneself'라면, 인식의 실패에서 비롯된 거의 무의식적인 자기기만은 'to kid oneself'라는 말이 더 자연스럽다. 후사의 경우는 현싱적으로 착각이나 희망적 사고와 구분하기 어려운 경우가 많다. 'self-deceive'는 의도 여부를 떠나 자기를 기만하는 경우를 총칭하기 때문에 스스로 사실을 깨닫지 못하여 결과적으로 자신을 속이는 경우는 'to kid oneself'로 구분하여 강조할 필요가 있다. 고의든 고의가 아니든 잘못된 정보를 전달하는 것을 misinformation이라고 하는데, 특히 기만의 목적으로 잘못된 정보를 전달하는 것을 disinformation이

라고 강조하는 것과 같다. self-deceive와 misinformation은 고의와 고의가 아닌 경우를 포괄하지만, self-deceive는 주로 고의가 있는 경우를 말하는 반면에 misinformation은 주로 고의가 없는 경우를 가리킨다. Merriam Webster에서는 'to kid oneself'의 두 가지 의미를 '스스로가 사실을 받아들이도록 하는 데 실패하는 것(to fail to admit the truth to oneself)'과 '자신을 기만하는 것(to deceive oneself)'이라고 설명한다.

35 Galeotti, Anna E. (2018). Politifcal Self-Deception, Cambridge University Press. 참조.

36 Galleotti, 위의 책. 참조.

37 A. M. Schlesinger(2002), A Thousand Days : John F. Kennedy at the White House, Mariner Books. 참조.

38 Arendt, Hannah. "Lying in Politics : Reflections on The Pentagon Papers", The New York Times(1971. 11. 18.).

39 "The Lessons of the Cuban Missile Crisis", TIME(1982. 9. 27.).

40 Galleotti, 앞의 책. p. 137.

41 Galleotti, 앞의 책. pp. 230~233.

42 Allison Jr, Graham T. (1971). Essence of Decision : Explaining the Cuban Missile Crisis.

43 The Trollope Society USA(2014. 11. 3., Douglas Gerlach).

44 Alba-Juez, Laura. Mackenzie, J. Lachlan(2019). "Emotion, lies, and "bullshit" in journalistic discourse : The case of fake news", Iberica(38), pp. 17-50.

45 마크 릴라, 로널드 드워킨, 서유경 역, 《이사야 벌린의 지적 유산》(동아시아, 2006). p. 94.

46 자끄 엘릴, 하태환 역, 《정치적 착각》(대장간, 2011). 참조.

47 《Discours de la Servitude volontaire》(1548)은 저자의 사후에 출간됐지만 그

나마 금서로 취급되었고, 프랑스대혁명을 거치면서 제 빛을 발했다. 에티엔 드라 보에시, 심영길·목수정 역,《자발적 복종》(생각정원, 2015).

48 Galleotti. 앞의 책. p. 244.

49 막스 베버, 이상률 역,《"볼프강 슐루흐터, 가치자유와 책임윤리 : 막스 베버에 있어서 학문과 정치의 관계에 대하여", 직업으로서의 학문》(문예출판사, 2005). pp. 179~229.

50 아이리스 M. 영. 허라금·김양희·천수정 역.《정치적 책임에 관하여》(이후, 2013). 참조.

51 Moberger, Victor. "Bullshit, Pseudoscience and Pseudophilosophy". THEORIA(2020). Vol. 86-Issue 5. 참조.

52 지드래곤의 〈개소리〉도 정치풍자를 담았다. "이 뭔 개소리야? (…) 내 패거리 개 떼거지 Get dirty. 얘들아 불러. 개 풀 뜯어 먹는 소리. (…) 독불장군에 독재자, 독종. 목에 맨 끈, 줄, 고삐를 풀어 개봉박두! (…) 내 패거리 개 떼거지 Get dirty. (…)"

참고 문헌

데시데리우스 에라스무스. 김진식 역. 《우신예찬》(열린책들, 2011)

마크 릴라, 로널드 드워킨, 로버트 실버스. 서유경 역. 《이사야 벌린의 지적 유산》(동아시아, 2006)

막스 베버. 이상률 역. 《직업으로서 학문》(문예출판사, 2017)

미켈 데 세르반테스. 박철 역. 《개들이 본 세상》(시공사, 2020)

박이문, 《노장사상》(문학과 지성사, 2004)

브라이언 크라스, 서종민 역, 《권력의 심리학》(웅진지식하우스, 2022)

스티븐 레비츠키, 대니얼 지블렛. 최종훈 역. 《어떻게 민주주의는 무너지는가》(어크로스, 2018)

심영의, 〈역사적 진실과 자기기만 사이의 글쓰기 : 전두환 회고록의 경우〉, 문화와 융합(제42권 12호, 2020).

아이리스 M. 영. 허라금·김양희·천수정 역. 《정치적 책임에 관하여》(이후, 2013)

알렉상드르 뒤마. 이선주 역. 《몽테크리스토성의 뒤마》(정은문고, 2019)

앵거스 C. 그레이엄. 김경희 역. 《장자》(이학사, 2015)

에마뉘엘 레비나스. 김도형·문성원·손영창 역. 《전체성과 무한 : 외재성에 대한 에세이》(그린비, 2018)

에티엔 드 라 보에시. 심영길·목수정 역. 《자발적 복종》(생각정원, 2015)

이을호, 〈목민심서〉(한국학술정보. 2015)

오노레 드 발자크. 박영근 역. 《고리오 영감》(민음사, 1999)

왕스징. 신영복·유세종 역. 《魯迅傳 : 루쉰의 삶과 사상》(다섯수레, 1992)

자끄 엘륄. 하태환 역. 《정치적 착각》(대장간, 2011)

존. L. 오스틴. 김영진 역. 《말과 행위》(서광사, 2005)

프랑크 디쾨터. 최파일 역. 《마오의 대기근 : 중국 참극의 역사 1958~1962》(열린책들, 2006)

토마스 모어. 박병진 역. 《유토피아》(육문사, 2017)

토마스 불핀치. 박지원 역. 《명화로 보는 그리스로마신화 : 인간본성》(상상더하기, 2015)

홍일립, 《인간본성의 역사》(에피파니, 2017)

홍일립, 《국가의 딜레마》(사무사책방, 2021)

홍일립, 《모더니스트 마네》(환대의 식탁, 2022)

헨리크 입센. 김석만 역. 《민중의 적》(범우, 2011)

Abel, M.C(2018). Centaurs, Sophists and Satire : Hybridity in the Works of Lucian of Samosata. University of Tasmania.

Alba-Juez, Laura. Lachlan Mackenzie J. "Emotion, lies, and bullshit in journalistic discourse : The case of fake news". Iberica(2019) No.38. pp. 17~50.

Allison Jr, Graham T. Zelikow, Philip(1999). Essence of Decision : Explaining the Cuban Missile Crisis. Pearson PTR.

Alterman, Eric(2004). When Presidents Lie : A History of Official Deception and Its Consequences. Viking.

Arbuthnot, John(1713). The Art of Political Lying. Kindle Edition from Editions Dupleix(2013).

Arendt, Hannah(1971). "Lying in Politics : Reflections on The Pentagon Papers". New York Times(11.18)

Ariely, Dan(2013). The Honest Truth about Dishonesty : How We Lie to Everyone-Especially Ourselves. Harper Perennial.

Baderin, Alice(2020). "From political self-deception to selfdeception in political theory". Ethics and Global Politics.

Ball, James(2017). Post-Truth : How Bullshit Conquered the World, Biteback Publishing.

Barash, David P. (2007). Natural Selection : Selfish Altruists, Honest Liars, and Other Realities of Evolution. Bellevue Literary Press.

Black, Max(1980). "The Prevalence of Humbug". A version of the Stanton Griffis Lecture at the Cornell Medical School.

Charles, Ron. "The Reluctant Rebel". truthdig(2017.12.15).

Chokr, Nader N. (2006), Even Deeper into 'Bullshit'.

Cohen, G. A. (2002). "Deeper into Bullshit", in Contours of Agency, (eds.). S. Buss and L. Overton. Cambridge, Mass : MIT Press.

Cowen, Tyler. "Self-deception as root of political failure". Public Choice (2005.9) Vol. 124-No 3/4. Springer. pp. 437~451.

Elster, Jon(2016). Sour Grape : Studies in the Subversion of Rationality. Cambridge University Press.

Ejupi, Vlera. Siljanovska, Liljana. Iseni, Arburim. "David Herbert Lawrence An Icon of Modernism". European Scientific Journal(2014.4).

Fay, Eliot G. "The Philosophy of Saint Exupéry". The Modern Language Journal(1947). Vol. 31. No. 2. pp. 90-97.

Frankfurt. Harry(2002). "Reply to G. A. Cohen." In Buss, S. & Overton, L. (eds.) Contours of Agency. Cambridge, MA : MIT Press.

_____(2005). On Bullshit. Princeton, NJ : Princeton University Press.

Furbank, P. N. Owens, W. R. (1998). A Critical Bibliography of Daniel Defoe. Pickering and Chatto.

Holloway, David(1996). Stalin and the Bomb : The Sovet Union and Atomic Energy 1939~1956, Yale University Press.

Hooper, John. "The Truth About Pinocchio's Nose". New York Times(2009.5.10).

Horn, Pamela(1989). The Victorian and Edwardian Schoolchild. Alan Sutton.

Jian, Zengdan. et al. (2019). "Self-Deception Reduces Cognitive Load : The Role of Involuntary Conscious Memory Impairment". Front Psychol.

Galeotti, Anna E. (2018). Political Self-Deception, Cambridge University Press.

Goleman, Daniel(1996). Vital Lies Simple Truths : The Psychology of Self-Deception. Simon & Schuster Paperbacks.

Graeber, David(2018). Bullshit Jobs : A Theory, Simon & Schuster.

Kahneman, Daniel(2011). Thinking, fast and slow. Farrar, Straus and Giroux.

Kotzee, Ben. "Our Vision and our Mission : Bullshit, Assertion and Belief". South African Journal of Philosophy(2007).

Lecercle, Jean-Jacques(1994). Philosophy of Nonsense : The Institution of Victorian Nonsense. Routledge.

Lynch, Kevin. "Self-Deception and Stubborn Belief". Erkenntnis : an international journal of scientific philosophy(2013) Vol. 78-No. 6.

Mathiesen, Kay. Fallis, Don. (2016). "The Greatest Liar Has His Believers : The Social Epistemology of Political Lying" in 'Ethics in Politics'. Routledge.

McCarthy, Ian P. et al. (2020). "Confronting indifference toward truth : Dealing with workplace bullshit". Business Horizons. Kelley School of Business. Indiana University. Elsevier Inc.

Mendelson, Michael. "Can We Learn Practical Judement? Alice's Adventures in Wonderland and the Quest for Common Sense". The Carrollian 16(2005). pp. 36~60.

Mendev Zhores A. (1990). The Legacy of Chernobyl. W. W. Norton & Company.

Meyers, Jeggrey. "D. H. Lawrence, Comedian". Salmagundi(2006 Fall). No. 152. pp. 205~222.

Moberger, Victor. "Bullshit, Pseudoscience and Pseudophilosophy".

THEORIA(2020). Vol.86-Issue 5.

Morais, Fernando(2015). The Last Soldiers of the Cold War. Verso.

Ortega, Anthony Tony. "Scientology Mythbusting with Jon Atack : The Tomato Photo!". The Underground Bunker(2013).

Petrocelli, John V.(2022). The Life-Changing Science of Detecting Bullshit. St. Martin's Press.

Phillips, Tom(2019). Truth : A Brief History of Total Bullshxt, Wildfire.

Rackin, Donald(1991). Alice's Adventures in Wonderland and Through the Looking-Glass : Nonsense, Sense, and Meaning. Twayne.

Sloan, Tod startton(1982). Self-deception and False Consciousness in major life decisions : a critical-interpretive inquiry. University of Michigan ProQuest Dissertations Publishing.

Stanley, Jason. "Speech, Lies and Apathy". The Stone(2012).

Steffensen, Kenn N. "Bullshit journalism and Japan : English-language news media, Japanese higher education policy, and Frankfurt's theory of bullshit", 6th Mutual Images International Workshop.

Stern, Sheldon M.(2003). Averting the Final Failure : John F. Kennedy and the Secret Cuban Missile Crisis Meetings. Stanford University Press.

Stubbs, John(2017). Jonathan Swift : The Reluctant Rebel. W.W.Norton & Company.

_____. "How Jonathan Swift Attacked Fake News". The Daily Beast(2017.2.25).

The Arbinger Institute(2015). Leadership & self-deception : Getting Out of the Box. Berrett-Koehler Publishers.

The Trollope Society USA(2014.11.3.., Douglas Gerlach).

Trivers, Robert. von Hippel, William. "The evolution and psychology of self-deception". Behavioral and Brain Sciences(2011). Vol. 34-Issue. 1.

_____(2014). Folly of Fools : The Logic of Deceit and Self-Deception in Human Life. Basic Books.

Twain, Mark(1882). On the Decay of the Art of Lying. The Project Gutenberg Ebook(2004).

Varki, Ajit. Brower, Danny(2013). Denial : Self-Deception, False Beliefs, and the Origins of the Human Mind. Twelve.

Warren, Cortney(2014). Lies We Tell Ourselves : The Psychology of Self-Deception. Insight Publishing.

Wilde, Oscar(1891), 'The Decay of Lying' in Intentions. New York : Brentano (1905).

개소리란 무엇인가